틈만 나면 보고 싶은
융합 과학 이야기

아빠는 애니메이터

틈만 나면 보고 싶은 융합 과학 이야기
아빠는 애니메이터

초판 1쇄 인쇄 2015년 7월 13일
초판 1쇄 발행 2015년 7월 20일

글 서지원, 조선학 | **그림** 주순교 | **감수** 구본철

펴낸이 이재석 | **편집부문장** 최재혁 | **편집팀장** 최은주 | **책임편집** 최지연
디자인 마루 · 한 | **본문 편집** 구름돌(문주영, 이현경, 김홍비, 홍진영) |
사진 제공 유로크레온, 헬로 포토, 두피디아 포토박스, PNAS

펴낸곳 동아출판㈜ | **주소** 서울시 영등포구 은행로 30 9층(여의도동)
대표전화(내용 · 구입 · 교환 문의) 1644-0600 | **홈페이지** www.dongapublishing.com
신고번호 제300-1951-4호(1951. 9. 19.)

©2015 서지원, 조선학 · 동아출판

ISBN 978-89-00-37933-4 74400   978-89-00-37669-2 74400 (세트)

틈만 나면 보고 싶은
융합 과학 이야기

아빠는
애니메이터

글 서지원·조선학   그림 주순교
감수 구본철(KAIST 교수)

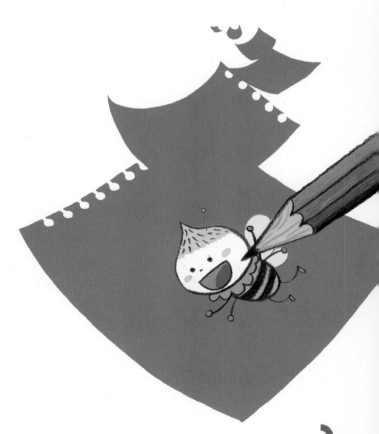

동아출판

미래 인재는 창의 융합 인재

이 책을 읽다 보니, 내가 어렸을 때 에디슨의 발명 이야기를 읽던 기억이 납니다. 그때 나는 에디슨이 달걀을 품은 이야기를 읽으면서 병아리를 부화시킬 수 있을 것 같다는 생각도 해 보았고, 에디슨이 발명한 축음기 사진을 보면서 멋진 공연을 하는 노래 요정들을 만나는 상상을 하기도 했습니다. 그러다가 직접 시계와 라디오를 분해하다 망가뜨려서 결국은 수리를 맡긴 일도 있었습니다.

지금 와서 생각해 보면 어린 시절의 경험과 생각들은 내 미래를 꿈꾸게 해 주었고, 지금의 나로 성장하게 해 주었습니다. 그래서 나는 어린 학생들을 만나면 행복한 것을 상상하고, 미래에 대한 꿈을 갖고, 꿈을 향해 열심히 도전하고, 상상한 미래를 꼭 실천해 보라고 이야기합니다.

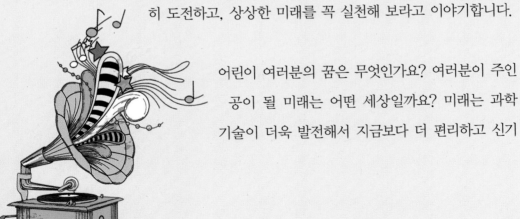

어린이 여러분의 꿈은 무엇인가요? 여러분이 주인공이 될 미래는 어떤 세상일까요? 미래는 과학 기술이 더욱 발전해서 지금보다 더 편리하고 신기한 것도 많아지겠지만, 우리들이 함께 해결해야 할 문제들도 많아질 것입니다. 그래서 과학을 단순히 지식으로만 이해하는 것이 아니라, 세상을 아름답고 편리하게 만들기 위해 여러 관점에서 바라보고 창의적으로 접근하는 융합적인 사고가 중요합니다. 나는 여러분이 즐겁고 풍요로운 미래 세상을 열어 주는, 훌륭한 사람이 될 것이라고 믿습니다.

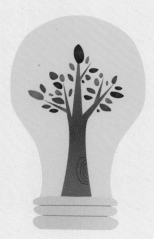

동아출판 〈틈만 나면 보고 싶은 융합 과학 이야기〉 시리즈는 그동안 과학을 설명하던 방식과 달리, 과학을 융합적으로 바라볼 수 있도록 구성되었습니다. 각 권은 생활 속 주제를 통해 과학(S), 기술공학(TE), 수학(M), 인문예술(A) 지식을 잘 이해하도록 도울 뿐만 아니라, 과학 원리가 우리 생활을 편리하게 해 주는 데 어떻게 활용되었는지도 잘 보여 줍니다. 나는 이 책을 읽는 어린이들이 풍부한 상상력과 창의적인 생각으로 미래 인재인 창의 융합 인재로 성장하리라는 것을 확신합니다.

카이스트 문화기술대학원 교수 구본철

꿈을 이뤄 주는 애니메이션

애니메이션을 싫어하는 친구들은 아마 없을 거예요. 애니메이션은 우리가 생각하지 못했던 놀라운 상상의 세계로 우리를 초대하지요. 그래서 우리는 끝없는 상상의 나래를 펴면서 애니메이션의 세계에 빨려 들어요.

우리나라 최초의 장편 애니메이션은 〈홍길동〉이에요. 1967년에 만들어졌으니 벌써 40여 년이 훌쩍 지난 셈이군요. 그 후 〈황금 박쥐〉, 〈태권 브이 시리즈〉 등이 만들어졌어요. 저는 그 애니메이션들을 보며 주인공과 함께 울고, 웃고, 손뼉 치고, 노래했어요.

이렇게 모든 사람에게 감동을 주는 애니메이션이 만들어진 건 사람들의 꿈 덕분이에요. 모든 것은 꿈에서 시작해요. 저의 어렸을 적 친구 중에 로봇 애니메이션을 즐겨 보며 로봇을 만들겠다는 꿈을 가진 친구가 있었어요. 그 친구는 지금 로봇 박사가 되어 있지요.

세상에 꿈 없이 가능한 일은 없어요. 그리고 꿈을 이루려면 노력이 필요해요. 이 책은 여러분에게 꿈을 미리 경험하고, 공부하는 기회를 줄 거예요. 그래서 애니메이션을 만들고 싶은 어린이도, 애니메이션을 좋아하는 어린이도 모두 흥미롭게 읽을 수 있답니다.

이 책에는 아름이 아빠가 만든 캐릭터 아모미와 함께하는 애니메이션 세계가 펼쳐져 있어요. 아모미에게 애니메이션에 대한 이야기를 들으며 아름이는 애니메이터인 아빠를 이해하게 되지요.

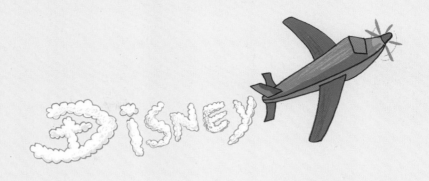

어린이 여러분도 아모미, 아름이와 함께 애니메이션에 숨겨진 과학(S), 기술공학(TE), 수학(M), 인문예술(A)을 만나 보세요.

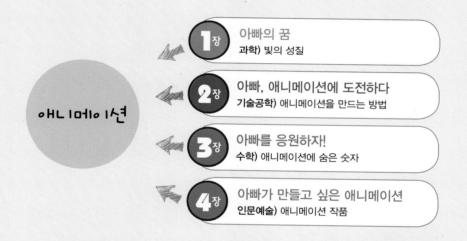

앞으로는 애니메이션을 볼 때 꿈과 상상의 세계로 여행했던 그 감정을 마음속에 간직해 보세요. 그리고 나만의 꿈을 머릿속에 마음껏 상상해 보세요. 상상한 꿈을 향해 한 걸음씩 나아가다 보면 어느새 꿈은 이루어진답니다.

서지원, 조선학

차례

1장 아빠의 꿈

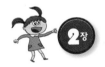

2장 아빠, 애니메이션에 도전하다

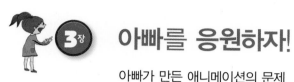

3장 아빠를 응원하자!

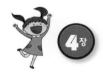

4장 아빠가 만들고 싶은 애니메이션

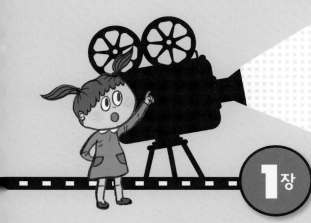

아빠의 꿈

1장

아빠가 만든 캐릭터, 아모미

아름이 아빠는 애니메이션을 만드는 **애니메이터**예요.

요즘엔 새로운 3D 애니메이션을 개발하느라 아침부터 밤까지 줄곧 작업실에서 일만 하고 있어요.

"아빠, 뭐하세요?"

"좀 더 입체적인 애니메이션을 만들기 위해 연구 중이란다."

"나랑은 언제 놀아 주세요?"

"조금만 있다가."

아름이는 얼굴도 보지 않고 대답하는 아빠에게 서운한 마음이 들었어요.

그러던 어느 날 아름이는 아빠가 잠든 사이 작업실에 몰래 들어갔어요. 아빠가 하는 일이 궁금했지요. 그때였어요. 갑자기 컴퓨터 모니터에서 무언가가 **툭 튀어나오며** 말을 걸었어요.

"안녕? 난 아모미라고 해."

"아모미?"

놀란 아름이가 눈을 동그랗게 뜨며 물었어요.

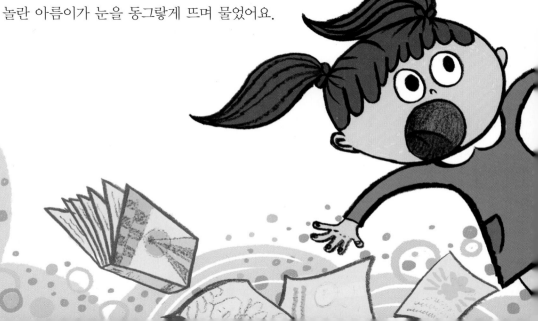

"난 네 아빠가 아주 어렸을 때 만든 캐릭터야."

"그럼 우리 아빠를 알아?"

"당연하지, 난 네 아빠가 어렸을 때 만들어 낸 친구니까."

"우리 아빠는 어렸을 때 어떤 아이였어?"

아름이가 묻자 아모미는 **킥킥거리며** 말했지요.

"그림을 아주 좋아하는 소년이었지. 그래서 애니메이터가 된 거야."

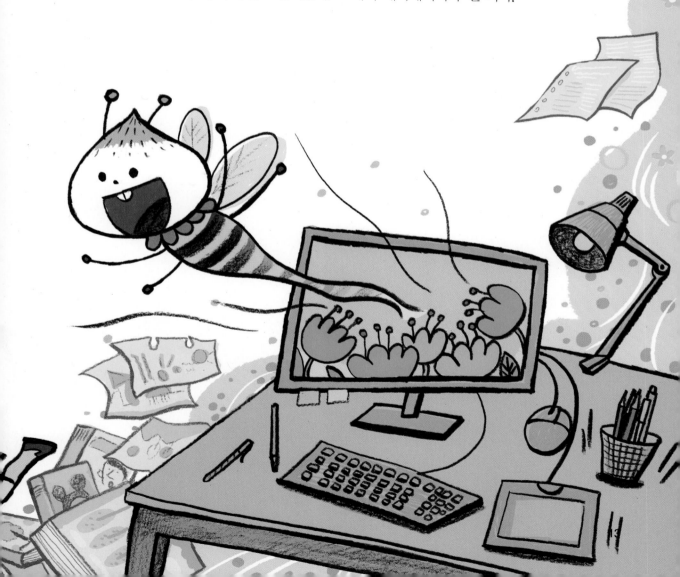

애니메이터를 꿈꾸다

아름이 아빠는 어려서부터 그림을 잘 그리고 호기심도 많은 아이였어요.
아빠의 소원은 자신이 그린 그림을 움직이게 만드는 것이었지요.

"네 아빤 어렸을 때 유독 **그림 그리며** 노는 것을 좋아했어."

"나도 들은 적 있어!"

아름이는 아빠의 어린 시절 이야기를 들었던 기억이 떠올랐어요.

"난 네 아빠가 초등학교 4학년 때 만들어졌어. 네 아빠는 나를 움직이게
만드는 게 소원이었지. 틈만 나면 나한테 말을 걸고, 내가 살아 움직이는
모습을 상상하곤 했어."

"아빠가 너한테 **말을 걸었다고?**"

"그래. 나 말고도 여러 캐릭터를 그리고 그 캐릭터들에게 말을
걸곤 했지. 안타깝게도 네 아빠의 그림 솜씨를 알아주는
사람은 아빠의 형뿐이었어. 네 아빠는 형의 칭찬을 듣고

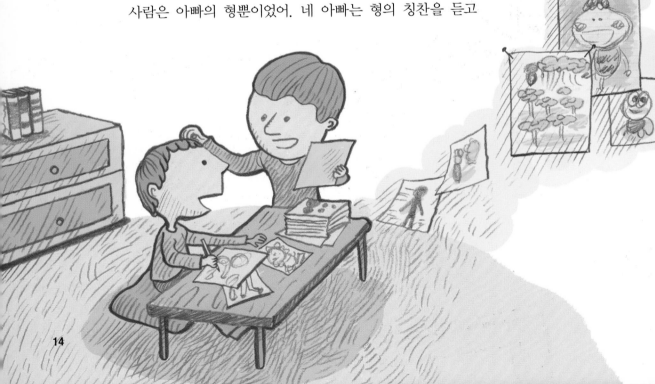

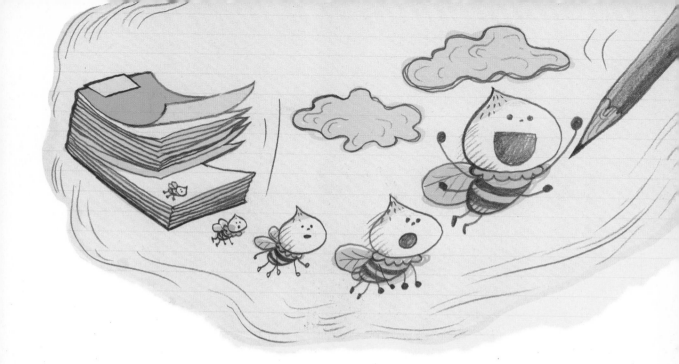

애니메이터가 되겠다는 꿈을 키우기 시작했지."

아름이는 아빠와 유난히 사이가 좋은 큰아빠가 생각났어요.

"네 아빠는 특히 움직이는 물체를 그리는 걸 좋아했어."

"움직이는 물체를 어떻게 그려?"

"한 장에 한 장면씩 **연속된 동작**들을 그린 다음, 그걸 빠르게 넘기면 그림이 움직이는 것처럼 보이거든."

아름이도 언젠가 비슷한 놀이를 해 본 적이 있었어요. 교과서 한 귀퉁이에다 그림을 그리며 장난을 치고 놀았거든요.

"그런데 아빤 왜 애니메이터가 되고 싶었을까?"

"글쎄, 자세한 건 모르겠어. 하지만 '조이트로프'라는 장치를 본 뒤로 네 아빠의 눈빛이 달라졌던 건 확실해."

"조이트로프?"

"그건 네 큰아빠가 사 준 장난감이야."

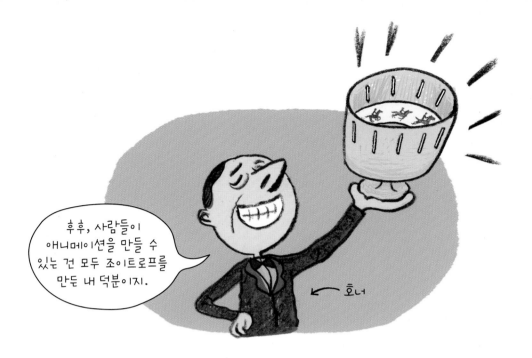

후후, 사람들이 애니메이션을 만들 수 있는 건 모두 조이트로프를 만든 내 덕분이지.

← 호너

조이트로프는 1834년 영국의 윌리엄 조지 호너가 발명했어요. 조이트로프는 연속되는 동작을 종이띠에 그려서 원기둥 모양 장치의 안쪽에 붙인 뒤, 장치를 회전시키면서 구멍을 통해 안쪽의 그림을 보는 거였어요.

"나도 그게 뭔지 보고 싶다."

아름이가 중얼거리자 아모미는 책상 서랍을 열어 보라고 했어요. 서랍을 열었더니 그곳에 정말 조이트로프가 있었어요.

아빠는 조이트로프를 서랍 속에 고이 넣어 두었던 것이지요.

"와, 말이 달려가네!"

아름이가 조이트로프를 꺼내 돌리며 말했어요.

"그래, 말이 신나게 달려가는 것처럼 보이지."

"신기하다! 마법 같아."

아름이가 감탄하자 아모미가 말했어요.

"그건 마법이 아니라 착각이야."

사람의 눈은 연속된 동작이 그려진 그림을 이어서 보면, 마치 그림이 움직이는 것 같은 착각을 하게 돼요. 조이트로프는 이런 점을 이용해서 만든 장치였어요.

"조이트로프를 보고 네 아빠는 물체의 움직임을 표현하고 싶다는 꿈을 가졌어. 그때부터 나를 자연스럽게 움직이게 해 보려고 애썼단다."

"그림이 자연스럽게 움직이려면 어떻게 해야 해?"

"네 아빠도 그걸 궁금해했었지."

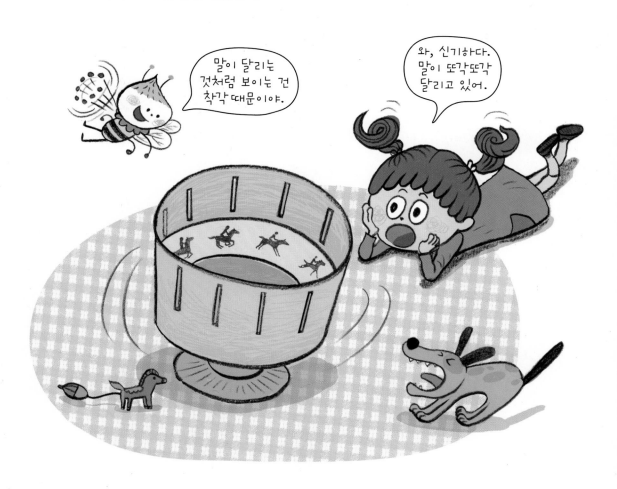

말이 달리는 것처럼 보이는 건 착각 때문이야.

와, 신기하다. 말이 또각또각 달리고 있어.

물체를 보려면 빛이 필요해

"네 아빠는 자연스럽게 움직이는 그림을 그리기 위해 다양한 방법을 시도했지만 계속 실패했어. 내가 얼마나 안타까웠다고! 난 당장이라도 움직여 주고 싶었지만 그럴 수 없었어. 당시 난 평면에 그려진 한 장의 그림에 불과했으니까."

"아빠가 그린 캐릭터는 왜 움직이지 못했던 거야?"

"빛을 제대로 이용하지 못했기 때문이야."

사람의 눈은 한 번 보았던 물체를 지우고, 새로운 것을 보기까지 약간의 시간이 필요해요. 물체를 볼 때 빛이 눈으로 들어오면 여러 단계를 거쳐 정보가 뇌로 전달되어요. 그러면 뇌는 그 암호를 해석하고, 우리는 그것이 어떤 물체인지 알게 되지요. 이 과정을 모두 거치는 데 시간이 걸리기 때문에 어떤 물체를 들여다보다가 다른 것을 보면, 마치 눈앞에 아까 보았던 물체가 보이는 것 같은 착각을 하게 된답니다.

"애니메이션은 바로 이런 특징과 빛을 이용해 눈을 속이는 거야."

"눈을 속이는 거라고?"

"눈을 속인다는 건 애니메이션을 이해할 때 중요한 사실이야. 하지만 먼저 빛부터 알아야 하지."

"빛?"

아모미는 창문 앞의 커튼을 쳤어요. 그러자 사방이 깜깜해졌지요.

"앗, 아무것도 보이지 않잖아!"

"그래, 안 보이지. 사람이 사물을 보기 위해서는 빛이 꼭 필요해."

"빛이 없는 어둠 속에서는 아무것도 볼 수 없구나."

"그래, 우리가 무얼 본다는 건 결국 빛이 있기 때문에 가능한 거야."

"이제 그건 이해했어."

빛은 여러 곳에서 나와요. 태양에서도 나오고 전구, 네온사인, 컴퓨터 모니터 같은 광원에서도 나와요. 이런 빛이 있어서 우리는 물체를 볼 수 있는 거예요.

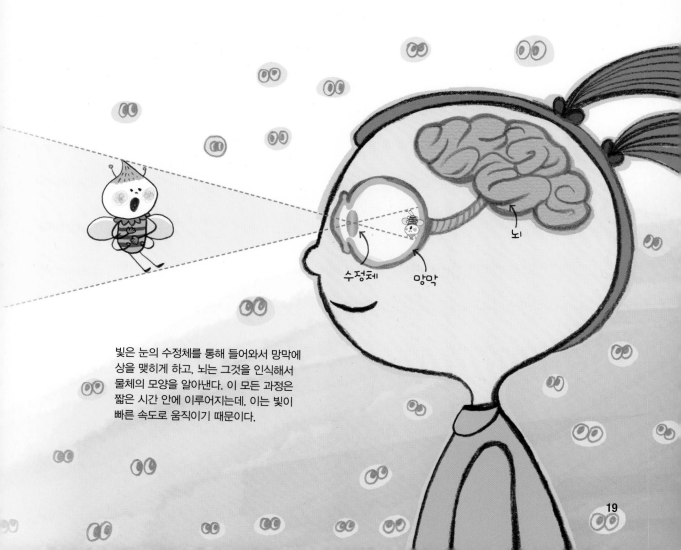

수정체

망막

뇌

빛은 눈의 수정체를 통해 들어와서 망막에
상을 맺히게 하고, 뇌는 그것을 인식해서
물체의 모양을 알아낸다. 이 모든 과정은
짧은 시간 안에 이루어지는데, 이는 빛이
빠른 속도로 움직이기 때문이다.

앞으로 나가자.

빛은 곧게 나아가

아름이는 아모미와 함께 밖으로 나왔어요. 하늘을 올려다보니 동그란 해가 머리맡에 떠 있었지요. 눈이 부셔서 고개를 숙인 아름이는 바닥에 그림자가 어른거리는 것을 보고 눈을 **휘둥그레** 떴어요.

"와, 그림자네?"

"그림자는 빛의 성질 때문에 만들어진 거야."

"빛의 성질이라고? 어떤 성질인데?"

"곧게 나아가는 성질. 그러다 빛이 가로막히면 그림자가 생기는 거고."

빛이 곧게 나아가는 성질을 **빛의 직진**이라고 해요. 그런데 빛이 직진하다가 투명하지 않은 물체를 만나면 물체와 같은 모양의 그림자가 생겨요.

하지만 빛이 직진하다가 투명한 물체를 만나면 물체를 통과해 쭉 나아가기 때문에 그림자가 생기지 않아요.

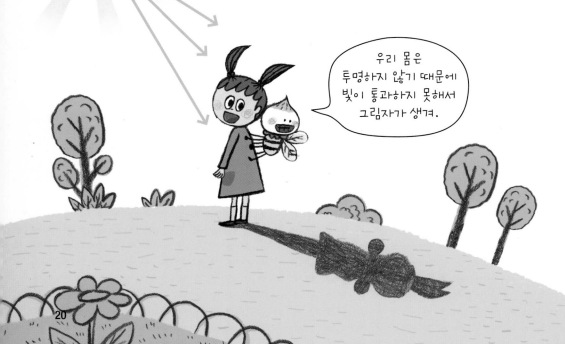

우리 몸은 투명하지 않기 때문에 빛이 통과하지 못해서 그림자가 생겨.

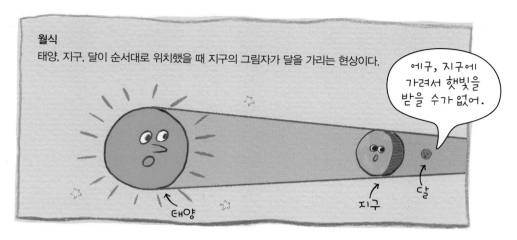

월식
태양, 지구, 달이 순서대로 위치했을 때 지구의 그림자가 달을 가리는 현상이다.

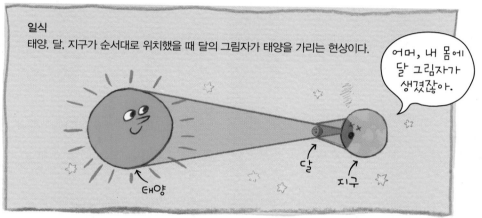

일식
태양, 달, 지구가 순서대로 위치했을 때 달의 그림자가 태양을 가리는 현상이다.

빛이 직진하는 성질 때문에 **월식과 일식**도 생기는 거예요. 하늘에서 달이 사라지는 것처럼 보이는 월식 때는 달이 지구 그림자에 가려져요. 그래서 달이 빛을 받지 못해 지구에서 달을 볼 수 없어요.

또한 태양이 사라지는 것처럼 보이는 일식은 달이 태양을 가리는 거예요. 이때 지구의 일부 지역에서는 태양이 사라진 것처럼 보이지요. 하지만 달이 작아서 태양을 모두 가리지는 못해요. 그래서 지구에서 일식 현상을 볼 수 있는 지역은 넓지 않아요.

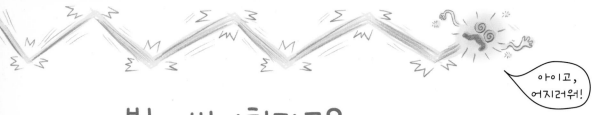

아이고, 어지러워!

빛이 반사한다고?

"그런데 말야, 빛이 직진하면 거울은 어떻게 우리를 보여 주는 거지?"

"우리가 거울로 물체를 볼 수 있는 건 빛이 반사되기 때문이야."

빛은 물체에 부딪히면 튕겨 나오는 성질이 있어요. 이것을 빛의 반사라고 해요.

"욕실에 있는 거울, 치과 의사들이 입안을 들여다볼 때 쓰는 거울, 편의점에 달아 놓은 커다란 둥근 거울도 다 빛을 반사시키지."

아름이는 매끈한 거울을 만져 보았어요.

"거울 표면이 매끌매끌하지? 그건 알루미늄 막을 입혔기 때문이야."

"거울에 알루미늄 막을 왜 입힌 거야?"

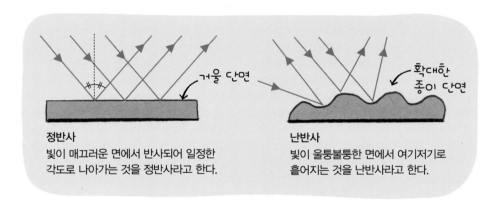

거울 단면

확대한 종이 단면

정반사
빛이 매끄러운 면에서 반사되어 일정한 각도로 나아가는 것을 정반사라고 한다.

난반사
빛이 울퉁불퉁한 면에서 여기저기로 흩어지는 것을 난반사라고 한다.

"빛을 더 잘 반사시키려고 그러는 거지. 매끄러운 거울이 아니라 흔들리는 호수 물결에다 얼굴을 비춰 본다고 생각해 봐. 얼굴이 보이긴 하지만 울퉁불퉁 흔들리지. 그것은 빛이 마구 흩어지기 때문이야. 또 빛을 반사시키는 물체의 표면이 볼록한가, 오목한가에 따라서도 보이는 모습이 달라져."

"어떻게?"

"거울에서 물체가 실제보다 작게 보이는 경우를 본 적 있니?"

"응! 아빠랑 차를 타고 갈 때 백미러로 본 도로가 무척 작아 보였어."

"그래, 그건 백미러가 **볼록 거울**이어서 그래. 반대로 **오목 거울**에서는 가까이 있는 물체가 실제 모습보다 크게 보여. 또 멀리 있는 물체는 거꾸로 보이지."

"와, 그렇구나. 그럼 치과에서 환자의 입속을 들여다 볼 때 사용하는 거울은 오목 거울이겠네. 가까이 있는 것을 크게 봐야 하니까."

"오, 제법인데."

아모미와 아름이는 거울에 비친 모습을 보며 웃었어요.

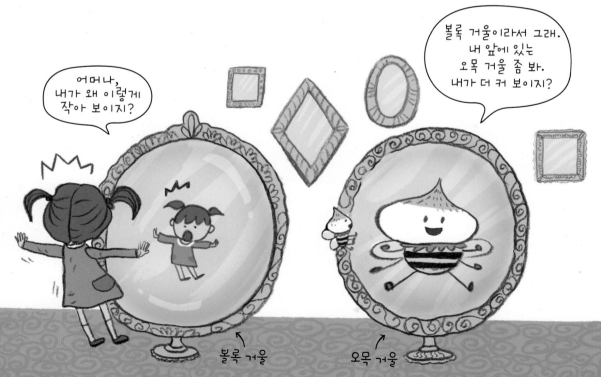

볼록 거울

오목 거울

빛은 굴절해

"아름아, 목욕해야지. 엄마가 목욕탕 욕조에 물을 받아 놓았어."

아름이는 갑자기 아모미와 물놀이를 하고 싶어졌지요.

"아모미, 같이 물놀이하러 가자!"

"좋아."

아름이는 아모미를 데리고 목욕탕으로 들어갔어요. 아모미는 욕조 속으로 들어가더니 팔짱을 낀 채 섰어요.

"음, 생각보다 물이 차가운걸? 이 온도라면 반신욕을 즐길 수 없겠어."

그때 아름이는 아모미의 다리를 보게 되었어요. 그런데 물속에 잠긴 아모미의 다리가 실제보다 짧아 보이지 뭐예요.

"아모미, 어떻게 해. 네 다리가 짧아졌어."

아모미는 아름이의 말을 듣고 얼른 물 밖으로 나왔어요. 그랬더니 원래 다리의 길이 그대로였어요.

"이상하다!"

"이상한 게 아니야, 방금 내 다리가 짧아 보인 건 빛의 굴절 현상 때문이

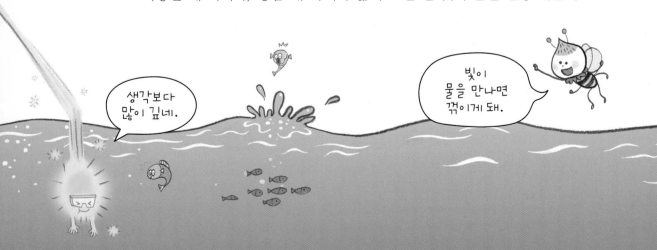

생각보다 많이 깊네.

빛이 물을 만나면 꺾이게 돼.

야. 한 물질을 통과하던 빛이 다른 물질을 만나면 진행 방향이 꺾이는 것을 **빛의 굴절**이라고 해."

아모미의 말에 아름이가 고개를 갸웃하자 아모미가 질문을 했지요.

"혹시 말야, 물속에 있는 물체가 실제 위치보다 더 위쪽에 있는 것처럼 보인 적 없니?"

아름이는 잠시 생각에 잠기더니 **무릎을 탁** 치며 말했어요.

"분수대에서 동전을 빠뜨려서 주우려고 물속에 손을 넣었는데, 동전이 보이는 것보다 아래쪽에 있어서 놀랐었어."

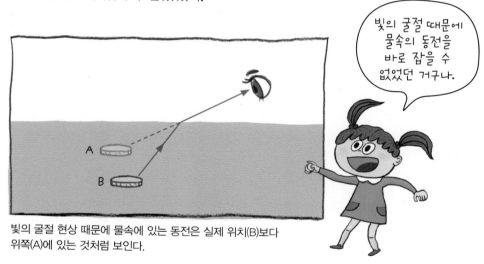

빛의 굴절 현상 때문에 물속에 있는 동전은 실제 위치(B)보다 위쪽(A)에 있는 것처럼 보인다.

빛의 굴절 때문에 물속의 동전을 바로 잡을 수 없었던 거구나.

"그래. 그것도 빛의 굴절 때문이야. 물속 동전에서 반사된 빛이 공기로 나오면서 방향이 꺾인 거지. 하지만 우리 눈과 뇌는 빛이 꺾인 것을 감지하지 못하고, 우리 눈으로 들어온 빛의 직선 방향에 물체가 있다고 착각하게 돼. 그래서 물속에 있는 물체는 실제 위치보다 위쪽에 있는 것처럼 보인단다."

아름이는 고개를 끄덕였어요.

애니메이션에는 착시가 필요해

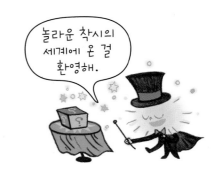

놀라운 착시의 세계에 온 걸 환영해.

"내가 재미있는 걸 보여 줄게."

아모미가 신기한 그림을 보여 줬어요.

"파란색 동그라미 두 개 중 어떤 쪽이 더 커 보여?"

"당연히 왼쪽 동그라미가 더 크지."

아름이가 단번에 대답했어요.

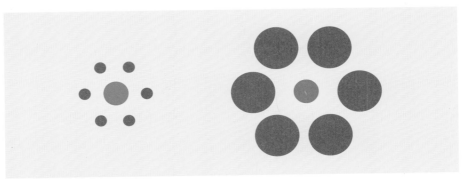

주변을 둘러싼 분홍색 동그라미의 크기 때문에 양쪽 파란색 동그라미의 크기가 달라 보인다.

"그렇게 보이지? 하지만 실제로 비교해 보면 파란색 동그라미 두 개의 크기는 똑같아."

"정말?"

아름이는 눈을 비비고 다시 그림을 뚫어지게 봤어요. 하지만 아무리 보아도 왼쪽 동그라미가 더 커 보였지요.

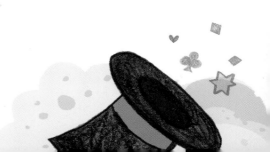

아모미는 또 다른 그림을 보여 줬어요.

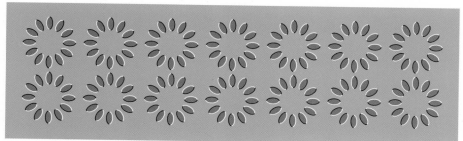

흰색과 검정색 테두리 때문에 그림이 빙글빙글 도는 것처럼 보인다.

"이 그림은 어때? 빙글빙글 도는 것 같은 착각이 들지?"

"응, 실제로 도는 것 같아."

"그건 사람의 뇌가 착각을 해서 그림이 도는 것처럼 보이는 거야."

"와, 신기하다!"

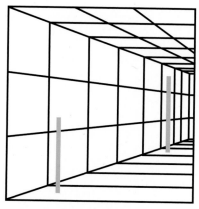

간격이 좁은 검정색 선들 때문에 오른쪽 기둥이 왼쪽 기둥보다 길어 보인다.

"이 그림은 어때? 기둥 두 개 중에서 어느 것이 더 길어 보이니?"

"왠지 기둥 길이가 똑같을 것 같아. 그런데 내 눈에는 오른쪽 기둥이 더 길어 보여. 이것도 착각이지?"

"응. 네 예상대로 기둥 두 개는 길이가 같아. 오른쪽 기둥이 더 길어 보이는 건 주변에 있는 검정색 선들 때문이야."

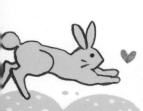
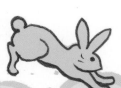
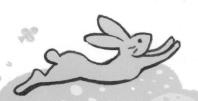

27

이렇게 사물이 실제와 다르게 보이는 것을 착시 현상이라고 해요.

"이 그림은 무엇을 그린 것 같니?"

"사람 두 명이 마주 보고 있는 것 같은데?"

"그렇게도 보이지. 이 그림은 보는 사람에 따라서 윗부분이 넓은 잔처럼 보이기도 하고, 사람 두 명이 마주 보고 있는 것처럼 보이기도 해. 우리의 눈과 뇌가 어떻게 인식하느냐에 따라 다르게 보이지."

"진짜네. 네 말을 듣고 보니 잔처럼 보여!"

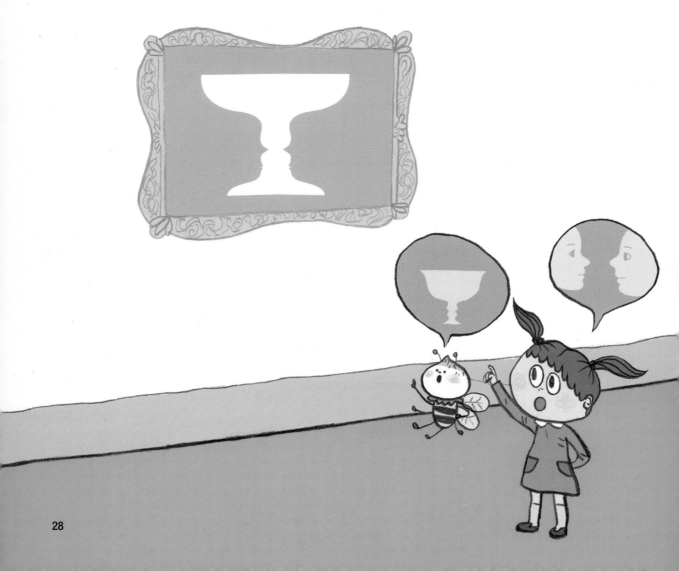

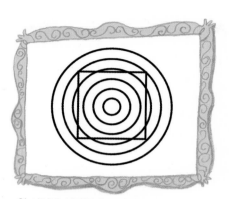

원 사이에 사각형이 그려져 있어서
사각형의 변들이 휘어져 보인다.

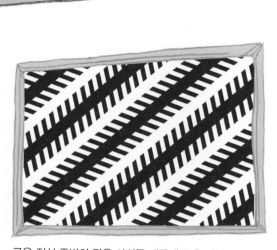

굵은 직선 주변의 작은 사선들 때문에 굵은 직선들이
휘어져 보인다.

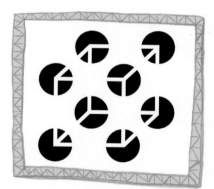

검은색 부분에 있는 흰색 모양 때문에
마치 직육면체가 있는 것처럼 보인다.

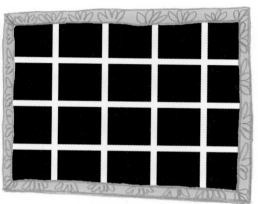

검은색 때문에 흰 선이 만나는 곳에 회색 점이 있는
것처럼 보인다.

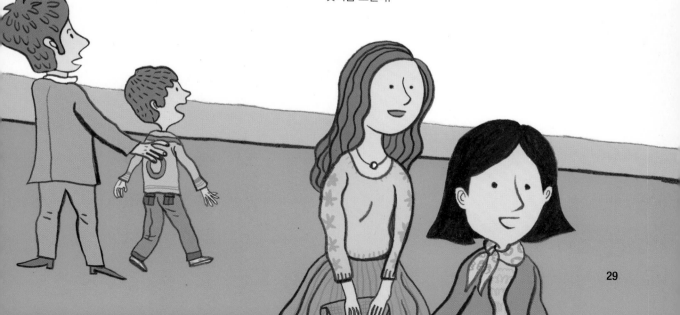

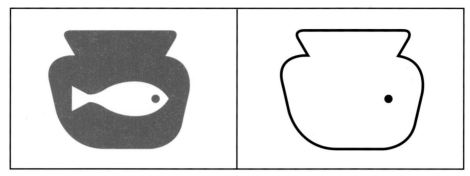

빨간색 어항 속 물고기를 보다가 오른쪽 그림을 보면 물고기가 있는 것처럼 보인다.

아모미는 빨간색 어항 속에 눈이 빨간색인 물고기가 한 마리 있는 그림을 보여 줬어요. 그리고 똑같은 모양의 어항 테두리 속에 검은색 점이 있는 그림을 보여 줬어요.

"빨간색 어항 속 물고기를 20초 동안 본 후 옆 그림의 검은색 점을 봐."

아름이는 아모미가 시킨 대로 했어요.

"앗, 오른쪽 그림에 눈이 검은색인 물고기가 있는 것처럼 보여."

"그건 착시 현상 중 하나인 잔상 현상이야. 빛의 자극이 사라진 후에도 시각 작용이 남아 이전에 보았던 물체가 보이는 것 같은 착각을 일으키지."

아모미는 종이, 색연필, 압정, 수수깡을 가져왔어요.

"또 다른 잔상 현상을 보여 줄게. 원 모양 종이를 세 등분으로 나누어 빨

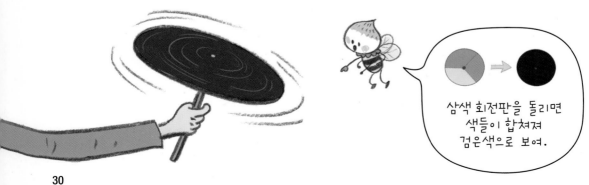

삼색 회전판을 돌리면 색들이 합쳐져 검은색으로 보여.

간색, 파란색, 노란색으로 색칠하고 압정으로 수수깡에 꽂아 삼색 회전판을 만들어 봐. 그리고 회전판을 *쌩* 돌리면 어떤 색으로 보이니?"

"처음에는 빨간색, 파란색, 노란색 세 가지 색깔로 보이다가 점점 색이 합쳐져서 검은색으로 보여."

"그건 회전판이 돌아갈 때 우리 눈이 빨간색을 감지하자마자 파란색을 보게 되고 이어서 노란색을 보게 되어 **혼란을 느끼기** 때문이야. 먼저 본 색에 대한 기억이 채 사라지지도 않았는데, 다른 색을 보게 되면서 색이 합쳐지는 것 같은 착각을 일으켜 검정색으로 보이는 거지."

애니메이션은 이러한 착시 현상을 이용해요. 연속된 동작을 그린 그림들을 순서대로 빠르게 보여 주어 그림이 움직이는 듯한 착각을 하게 만들지요. 가장 오래된 형태의 애니메이션인 플립 북도 착시 현상을 이용했어요.

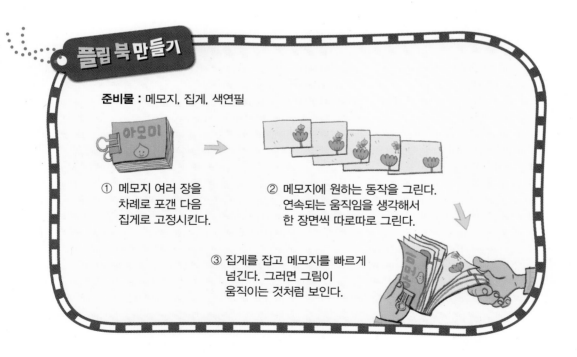

플립 북 만들기

준비물 : 메모지, 집게, 색연필

① 메모지 여러 장을 차례로 포갠 다음 집게로 고정시킨다.

② 메모지에 원하는 동작을 그린다. 연속되는 움직임을 생각해서 한 장면씩 따로따로 그린다.

③ 집게를 잡고 메모지를 빠르게 넘긴다. 그러면 그림이 움직이는 것처럼 보인다.

아빠의 보물 1호, 카메라

아름이는 서랍 속에 든 카메라를 꺼냈어요. 그것은 아빠의 보물 1호 카메라였지요. 아모미가 카메라를 보더니 손뼉을 **짝** 쳤어요.

"맞다. 네 아빠는 사진도 움직이는 것처럼 보이게 만들겠다며 몇 년 동안 용돈을 모아서 중고 카메라 한 대를 샀었어."

"맞아, 그 카메라가 바로 이거야. 아빠 이게 아직도 그렇게 소중하대."

"이제 아주 낡아서 골동품이 다 되어 버렸구나. 카메라를 보니까 생각나는 건데, 사진이 영어로 뭘까?"

"포토그래프(photograph)?"

"맞아, 그건 빛(photo)하고 그림(graph)의 합성어야. 사진은 빛으로 만드는 그림이라는 뜻이지."

"아, 진짜 그러네."

아주 오래전에 사람들은 상자에 바늘구멍을 뚫어 **신기한 상자**를 만들었어요. 이것은 빛이 바늘구멍을 통해 어두운 상자 속으로 들어와서

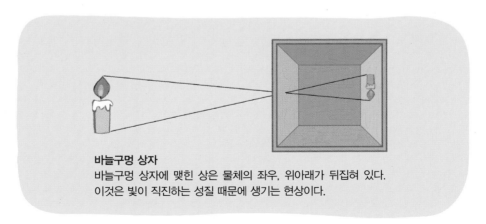

바늘구멍 상자
바늘구멍 상자에 맺힌 상은 물체의 좌우, 위아래가 뒤집혀 있다.
이것은 빛이 직진하는 성질 때문에 생기는 현상이다.

한쪽 면에 물체의 상을 거꾸로 맺히게 하는 상자였지요. 바늘구멍 상자가 발명됐을 때 몇몇 사람들은 이 원리를 이용해 무엇을 만들 수 있을까 하고 고민했어요.

"그렇게 카메라가 만들어진 거야?"

"응, 바늘구멍 상자를 이용한 발명품은 누가 만들었을까?"

아름이는 얼른 정답을 알려 달라며 아모미에게 매달렸어요.

"바로 이탈리아의 천재 화가 레오나르도 다빈치였지."

"그 사람은 〈모나리자〉를 그린 화가잖아."

"그래, 다빈치는 화가였지만 발명가이기도 했어. 다빈치는 카메라 오브스쿠라라는 장치를 만들었지."

"카메라 오브스쿠라?"

아름이는 복잡한 기계의 이름을 따라 중얼거렸어요.

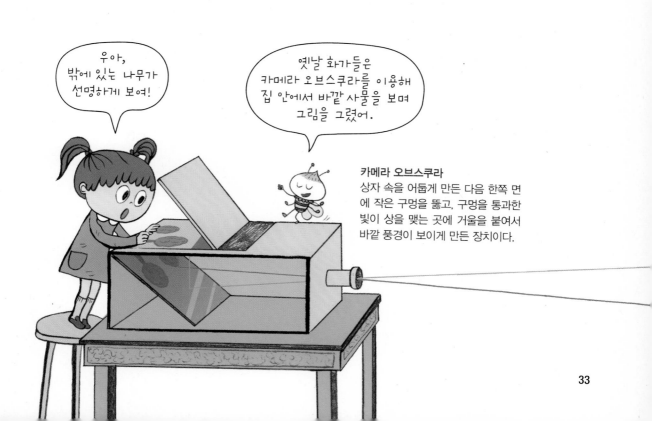

우아, 밖에 있는 나무가 선명하게 보여!

옛날 화가들은 카메라 오브스쿠라를 이용해 집 안에서 바깥 사물을 보며 그림을 그렸어.

카메라 오브스쿠라
상자 속을 어둡게 만든 다음 한쪽 면에 작은 구멍을 뚫고, 구멍을 통과한 빛이 상을 맺는 곳에 거울을 붙여서 바깥 풍경이 보이게 만든 장치이다.

카메라 오브스쿠라의 원리는 오늘날 카메라의 원리와 같아요. 옛날 화가들은 이 원리를 이용해 더욱 사실적인 그림을 그렸어요. 그러니까 당시의 카메라는 그림을 그릴 때 이용하는 도구였던 셈이지요.

카메라 오브스쿠라는 우리 눈과 비슷한 구조예요. 우리 눈의 수정체는 카메라 오브스쿠라의 바늘구멍과 비슷해요. 카메라 오브스쿠라가 오늘날의 카메라와 같이 발전하려면 우리 눈의 수정체처럼 빛을 받아들이는 렌즈가 필요했어요.

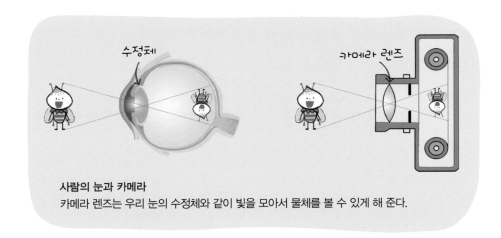

사람의 눈과 카메라
카메라 렌즈는 우리 눈의 수정체와 같이 빛을 모아서 물체를 볼 수 있게 해 준다.

1900년대에 이르러 카메라는 순간적인 동작들을 영원히 저장할 수 있는 장치로 발전했어요. 카메라가 발전하자 사람들은 사진을 움직이게 만들고 싶다는 생각을 하게 됐어요. 그래서 여러 장의 사진을 순서대로 빠르게 넘겨 움직이는 것처럼 만드는 기술을 연구했지요.

"네 아빠는 물체를 조금씩 움직이며 연속된 동작을 카메라로 찍었어. 그리고 그 사진을 빠르게 움직여서 마치 살아 움직이는 듯한 애니메이션을 만들려고 했지."

"성공했어?"

"아니, 실패했어. 다른 사람들은 그걸 애니메이션이라고 인정해 주지 않았거든."

"연속된 장면을 여러 장 이어 붙여 만드는 게 애니메이션이잖아. 그런데 왜 인정받지 못한 거야?"

"그건 애니메이션을 만드는 기술에 대한 연구가 부족했기 때문이야."

"애니메이션을 만드는 기술? 그게 뭔데?"

아름이가 되물었어요.

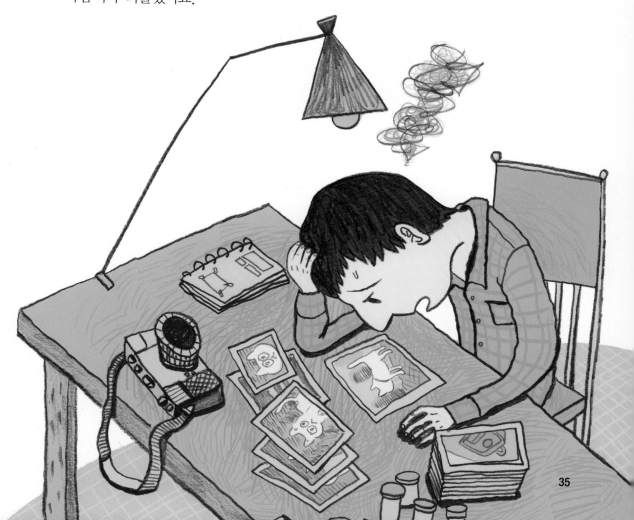

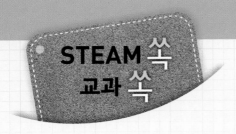

4학년 2학기 과학 3. 거울과 그림자

 우리는 어떻게 물체를 볼 수 있을까?

우리가 물체를 보는 것은 물체에서 반사된 빛을 보는 것이다. 물체에서 반사된 빛은 수정체를 통해 우리 눈으로 들어오면 망막에 상이 맺히게 하고, 그것에 대한 정보를 뇌가 인식하면 어떤 물체인지 알게 된다. 이 모든 과정은 빠르게 이루어진다.

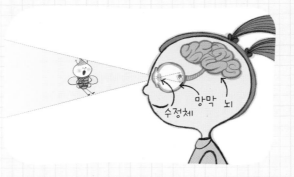

4학년 2학기 과학 3. 거울과 그림자

 바늘구멍 상자에 맺힌 물체의 상은 어떻게 보일까?

 바늘구멍 상자에 맺힌 물체의 상은 상하와 좌우가 바뀌어 보인다. 이렇게 물체의 상이 거꾸로 보이는 까닭은 빛이 곧게 나아가기 때문이다.

물체의 위쪽에서 반사된 빛은 직진하여 바늘구멍을 통과한 뒤 아래쪽으로 가고, 물체의 아래쪽에서 반사된 빛은 직진하여 바늘구멍을 통과한 뒤 위쪽으로 가서 상을 맺는다. 좌우도 마찬가지여서 바늘구멍 상자를 통과한 물체의 상은 상하와 좌우가 뒤집힌 모양이다.

삼색 회전판을 돌리면 왜 검은색으로 보일까?

 삼색 회전판이 검은색으로 보이는 이유는 착시 현상 가운데 하나인 잔상 현상 때문이다. 잔상 현상은 물체가 실제 없어진 뒤에도 우리 뇌에 물체의 상이 계속 남아 있는 것이다. 삼색 회전판을 돌리면 우리 눈이 빨간색을 보자마자 파란색, 노란색을 이어서 보게 되어 혼란을 일으킨다. 따라서 먼저 봤던 색에 대한 기억과 다른 색이 합쳐져 보이기 때문에 검은색으로 보이는 것이다.

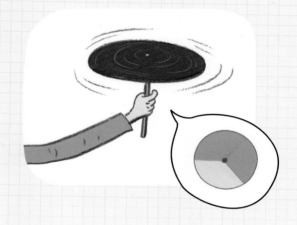

 그림자는 왜 생길까?

 그림자는 빛이 물체에 가로막힐 때 생긴다. 빛은 곧게 나아가기 때문에 빛이 나아가는 중간에 불투명한 물체가 있으면 더 이상 나아가지 못하고 가로막혀 그림자가 생기는 것이다.

그림자는 물체의 모양에 따라, 빛이 비치는 위치에 따라 달라진다. 따라서 햇빛이 비칠 때 손이나 여러 가지 모양의 물체로 빛을 가로막으면 그림자가 생기는 것을 확인할 수 있다. 또한 이런 빛의 성질을 이용하여 그림자놀이도 할 수 있다.

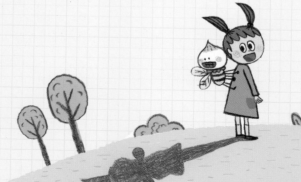

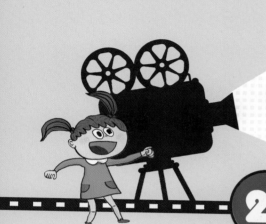

아빠,
애니메이션에
도전하다

2장

아빠의 연구 대상

"움직이는 동작을 끊어서 그림으로 표현하는 건 누구든 할 수 있어. 하지만 그것을 움직이는 것처럼 보이게 만들려면 기술이 필요하지. 그래서 네 아빠는 애니메이션 장치를 연구하고, 애니메이션을 만드는 기술도 공부했던 거야. 이제부터 그것들을 설명해 줄게. 잘 들어 봐."

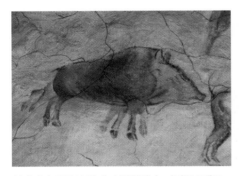

알타미라 동굴의 멧돼지 벽화이다. 다리를 8개로 그려 멧돼지가 달리는 모습을 표현했다.

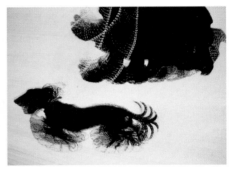

〈줄에 매인 개의 움직임〉에서는 다리를 여러 개 그려 넣어 개가 움직이는 모습을 표현했다.

아모미는 원시인이 그린 동굴 벽화를 보여 주었어요. 그것은 알타미라 동굴에 있는 벽화로, 멧돼지를 표현한 것이었어요.

"이 멧돼지는 다리가 왜 8개지?"

아름이는 고개를 갸웃거렸어요.

"먼 옛날 알타미라 동굴에 살던 원시인들은 멧돼지가 달리는 모습을 그리고 싶었지. 그 당시에 달리는 멧돼지를 표현할 방법은 다리를 4개 더 그리는 것뿐이었어."

아모미는 이어서 이탈리아 화가 그림인 〈줄에 매인 개의 움직임〉을 보여 주었어요.

"오래전부터 많은 사람들이 움직이는 모습을 표현하고 싶어 했어. 하지만 방법을 몰랐기 때문에 이렇게 다리를 여러 개 그려서 표현했던 거야. 점차 기술이 발달하면서 여러 가지 장치가 만들어졌어."

아모미는 장난감 같은 물건을 하나 보여 주었어요. 그것은 애니메이션의 할아버지쯤 되는 타우마트로프였어요. 타우마트로프는 1820년 영국 의사 존 패리스가 만든 것이지요. 작은 원반 양쪽 끝에 달린 줄을 잡아당기면 원반이 회전하면서 두 개의 그림이 합쳐져 보이는 장치였어요. 잔상 현상을 이용해서 만든 것이지요.

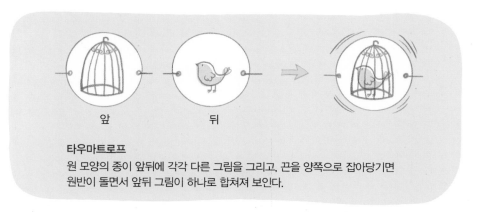

앞   뒤

타우마트로프
원 모양의 종이 앞뒤에 각각 다른 그림을 그리고, 끈을 양쪽으로 잡아당기면
원반이 돌면서 앞뒤 그림이 하나로 합쳐져 보인다.

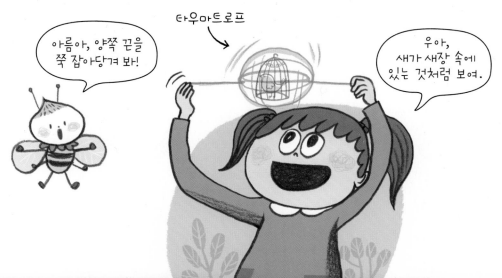

아름아, 양쪽 끈을
쭉 잡아당겨 봐!

타우마트로프

우아,
새가 새장 속에
있는 것처럼 보여.

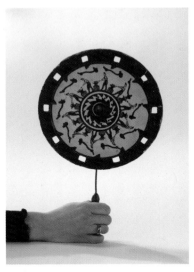
페나키스토스코프

이번에는 아모미가 페나키스토스코프라는 장치를 보여 줬어요. 페나키스토스코프는 벨기에 화가이자 과학자인 조지프 플래토가 개발했어요.

"이 동그란 원반은 뭐야?"

"일단 봐. 그럼 입이 '떡' 벌어질 거야."

아모미는 페나키스토스코프 원반을 돌렸어요. 그러자 거울에 비친 그림들이 마치 움직이는 것처럼 보였지요.

"신기하다!"

"이건 우리 눈에 보이는 동작이 계속 바뀌면 잔상이 남아서 이어진 동작처럼 보이는데, 그 현상을 이용해 만든 거야."

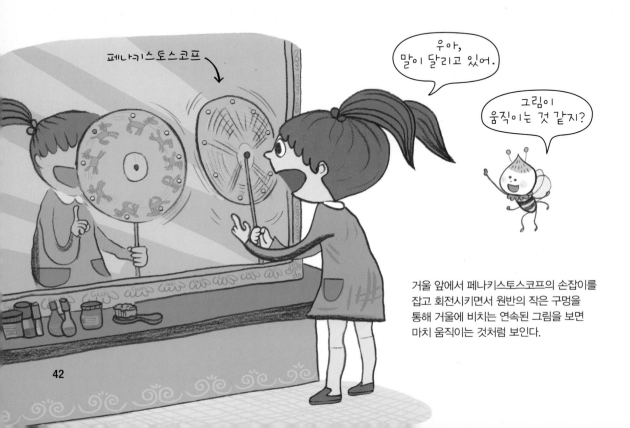

페나키스토스코프

우아, 말이 달리고 있어.

그림이 움직이는 것 같지?

거울 앞에서 페나키스토스코프의 손잡이를 잡고 회전시키면서 원반의 작은 구멍을 통해 거울에 비치는 연속된 그림을 보면 마치 움직이는 것처럼 보인다.

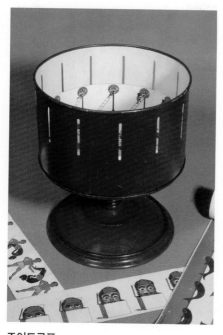
조이트로프

"잔상 때문에 그림이 움직이는 것처럼 착각하는 거구나."

아름이 아빠의 첫 연구 대상이었던 조이트로프 역시 잔상을 이용한 장치예요. 원통의 안쪽에 연속되는 그림을 붙이고, 회전하는 원통 틈새로 보면 그림이 움직이는 것처럼 보이지요. 이때 원통이 빨리 돌아가면 움직임이 **훨씬 선명하게** 보여요.

"조이트로프는 구조가 간단해서 쉽게 만들 수 있어. 그래서 오래전부터 어른과 어린이 모두에게 훌륭한 장난감이 되었고 지금도 꾸준히 사랑받고 있어."

"그렇구나. 나도 한번 만들어 보고 싶어. 아빠한테 부탁해 봐야 겠다."

"그래, 아빠에게 함께 만들자고 하면 좋아하실 거야."

"아모미, 조이트로프로 애니메이션을 만들면 어떨까?"

"오래전에도 그런 생각을 한 사람이 있었어. 프랑스 화가인 에밀 레노가 조이트로프를 개조해서 프락시노스코프라는 장치를 만들었어."

아모미는 프락시노스코프를 보여 주었어요. 회전할 수 있는 원통 가운데에 각진 거울이 있고, 원통의 안쪽 둘레에는 연속된 그림이 붙어 있었지요. 아모미는 원통을 돌리며 거울에 비친 그림을 보라고 했어요.

"와, 조이트로프와 비슷하지만 가운데 거울이 있어서 그림이 더 잘 보여.
이렇게 쉬운 방법으로도 그림을 움직이는 것처럼 만들 수 있구나."

순간 아름이의 머릿속에는 애니메이션을 만들기 위해 항상 연구하고 고민
하던 **아빠의 모습**이 떠올랐어요.

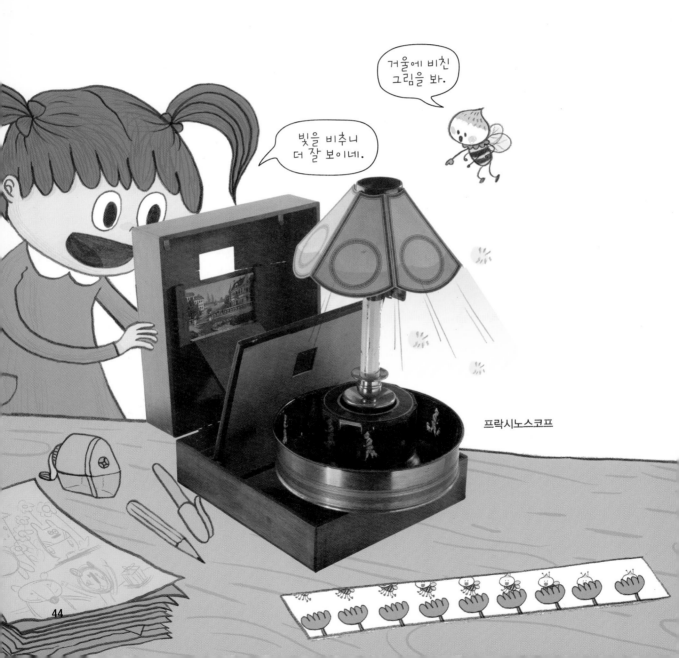

거울에 비친
그림을 봐.

빛을 비추니
더 잘 보이네.

프락시노스코프

"레노는 프락시노스코프를 개량해서 1800년대에 파리에서 시각 극장이라는 이름으로 움직이는 그림을 공개했어."

하지만 시각 극장은 움직임만 있을 뿐 스토리가 들어가기엔 길이가 짧았어요.

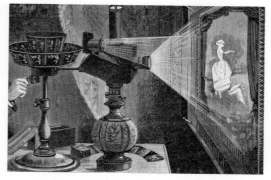

시각 극장은 움직이는 모습을 그린 수백 개의 그림을 연결해서 15~20분 길이로 만든 필름이었다.

프락시노스코프 만들기

준비물 : 흰색 종이띠, 알루미늄 거울, 보라색 띠, 홈이 있는 원통, 손잡이

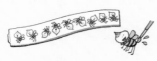

① 종이띠에 연속된 그림을 순서대로 그린다.

② 알루미늄 거울을 그림처럼 같은 간격으로 꺾는다.

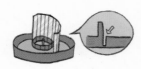

③ 거울을 원통 안쪽에 있는 홈에 한 칸씩 끼워 넣는다.

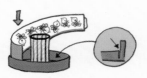

④ 종이띠를 원통 가장자리에 있는 홈에 끼우고, 투명 테이프로 고정시킨다.

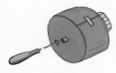

⑤ 원통 바깥쪽에 보라색 띠를 한 번 더 두르고, 밑에 손잡이를 끼운다.

⑥ 한 손으로 손잡이를 잡고 다른 손으로 원통을 돌리며 알루미늄 거울을 본다.

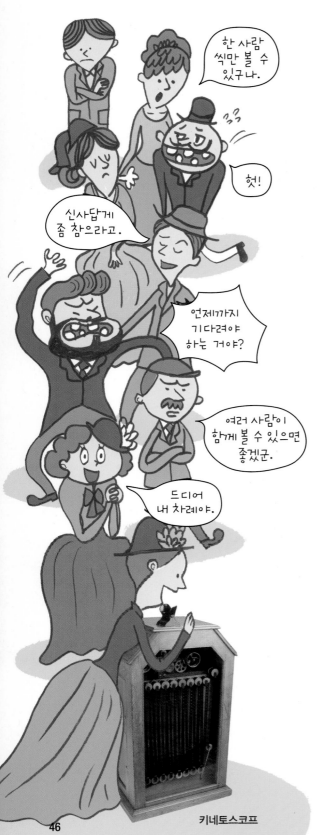

"레노는 스토리를 넣을 만큼 장치를 더 보완하지는 못했어. 하지만 다른 사람이 해냈지."

"그래?"

"응, 새로운 발명품을 만든 사람은 우리가 익히 아는 사람이지. 너도 알 거야."

"그게 누군데?"

"바로 에디슨이야."

아름이는 눈을 휘둥그레 떴어요.

"발명왕 에디슨 말이야?"

"그래, 에디슨은 1891년 영화 감상 장치를 만들었지. 키네토스코프인데 이 장치는 길이 약 12m의 필름을 자동 장치로 회전시키면서 아래쪽 전구의 빛으로 필름을 비추어 그림이 움직이는 것처럼 보이게 하지."

"그런데 키네토스코프를 왜 지금은 사용하지 않는 거야?"

아모미가 한숨을 내쉬었어요.

"그건 한 사람씩만 볼 수 있었기 때문이지. 사람들이 늘 줄을 서서 오랜 시간 기다려야 볼 수 있었어."

뤼미에르 형제가 여러 명이 함께 볼 수

키네토스코프

있는 영사기인 시네마토그래프를 만들자 에디슨의 키네토스코프는 인기가 시들해졌어요. 시네마토그래프는 '움직임을 담은 기계'라는 뜻으로 살아 움직이는 사진의 촬영과 영사를 한꺼번에 할 수 있는 장치였어요.

"또 에디슨의 키네토스코프로 볼 수 있는 필름은 엄청 큰 촬영기로 촬영해야 했지만, 뤼미에르 형제의 시네마토그래프는 촬영기와 영사기를 겸하면서도 크기가 작았어."

"뤼미에르 형제는 정말 대단한데?"

"그래. 그래서 오늘날 영화를 뤼미에르 형제가 만든 장치의 이름을 따서 시네마라고 부르지."

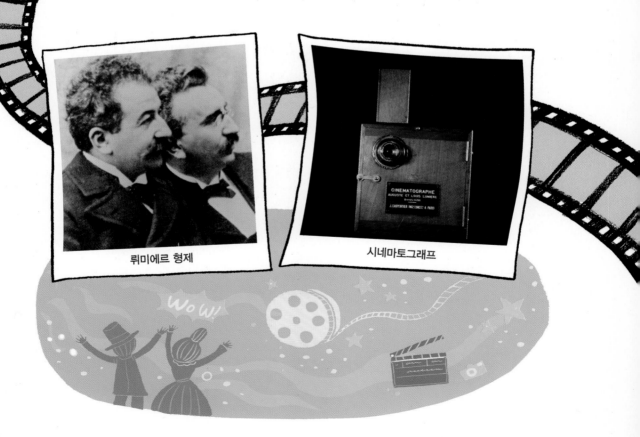

뤼미에르 형제   시네마토그래프

연속 동작을 촬영해서 연결해

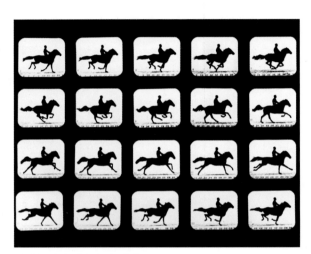

달리는 말의 연속 동작 사진
카메라 열 두 대를 일정한 간격으로 세워 놓고 달리는 말을
찍은 사진이다. 각각의 카메라에 실을 연결해서 말이 달리는
순간 카메라 셔터가 차례대로 눌리게 했다.

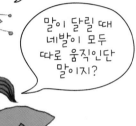

이 사진을 보기 전까지 사람들은 말이 두 발을 동시에 앞으로 내디뎌 뛰는 줄 알았어.

말이 달릴 때 네발이 모두 따로 움직인단 말이지?

찰칵! 아모미가 사진 찍는 흉내를 내더니 달리는 말의 모습을 찍은 사
진을 보여 줬어요.

"사진을 이렇게 연속해서 보니까 재미있네."

아름이가 중얼거렸어요.

"애니메이션이 본격적으로 발전하게 된 건 사진이 발달하고부터이지."

"사진이랑 애니메이션은 전혀 다른 거잖아."

"그렇지 않아. 애니메이션은 연속된 동작의 그림을 *빠르게* 이어서 보여
주는 거고, 영화는 연속된 동작의 사진을 *빠르게* 이어서 보여 주는 거
야. 또 모형을 찍은 사진으로 애니메이션을 만들기도 해."

"애니메이션과 영화는 원리가 비슷한 거구나."

영국의 사진사 에드워드 머이브리지는 달리는 말의 연속 동작 사진을 찍었어요. 이 사진을 보고 나서야 사람들은 실제로 말이 달릴 때 네 발이 따로 움직이는 걸 알 수 있었지요. 그 뒤 사람들은 **연속된 동작의 사진**을 찍고 연결해서 보기 시작했어요. 1895년에는 꽃밭에 물을 주거나 꽃을 발로 밟는 것처럼 단순한 동작을 차례로 사진 찍고, 그 사진을 이어 붙여 이야기로 만들었어요.

"단순한 동작이어도 그 속에 **이야기가 있으면** 애니메이션의 시초로 인정하지. 1908년 프랑스의 에밀 콜이 공개한 〈판타스마고리〉가 바로 이야기가 있는 최초의 애니메이션이야. 1914년 미국의 윈저 맥케이가 만든 〈공룡 거티〉는 최초로 캐릭터가 등장한 애니메이션이지. 캐릭터란 나처럼 작품에 어울리도록 만든, 독특하고 개성 있는 존재를 말해."

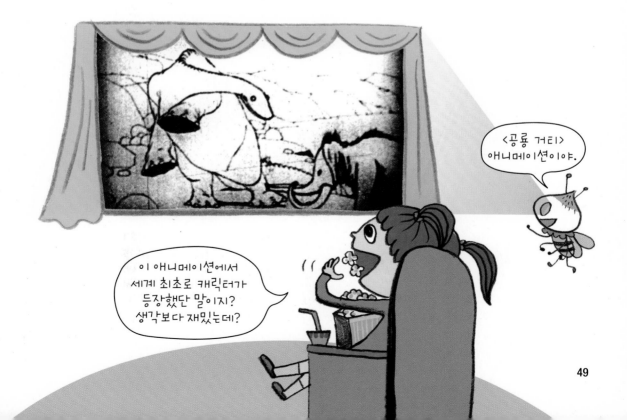

〈공룡 거티〉 애니메이션이야.

이 애니메이션에서 세계 최초로 캐릭터가 등장했단 말이지? 생각보다 재밌는데?

아빠가 도전한 기법들

잠에서 깬 아빠는 골똘히 뭔가 생각하더니 혼잣말로 중얼거렸어요.

"더 좋은 방법은 없을까!"

아름이는 아빠의 말을 듣고 숨을 죽인 채 아모미를 바라보았지요. 곧이어 아빠가 **머리를 헝클며** 한숨을 내쉬었어요.

"아빠가 또 고민에 잠기셨나 봐."

아모미는 **날금날금** 날아가 아빠의 책상을 살폈어요. 아빠의 책상에는 캐릭터 그림이 잔뜩 있었고, 배경 그림도 여러 장 놓여 있었지요.

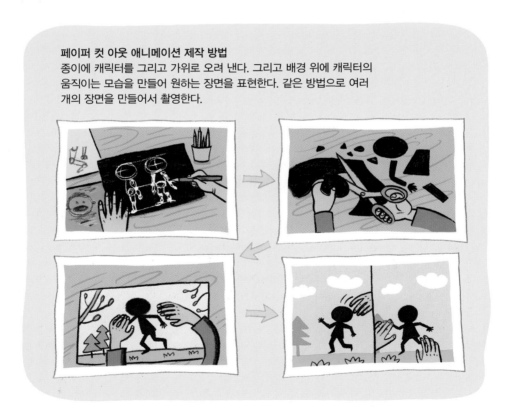

페이퍼 컷 아웃 애니메이션 제작 방법
종이에 캐릭터를 그리고 가위로 오려 낸다. 그리고 배경 위에 캐릭터의 움직이는 모습을 만들어 원하는 장면을 표현한다. 같은 방법으로 여러 개의 장면을 만들어서 촬영한다.

아모미가 다시 돌아와서 아름이에게 소곤소곤 말했어요.

"페이퍼 컷 아웃 애니메이션을 만드는 중인가 봐."

"그게 뭔데?"

"페이퍼 컷 아웃 애니메이션은 종이를 잘라 만든 애니메이션이야."

페이퍼 컷 아웃 애니메이션을 만들 때는 배경 위에 캐릭터를 올려놓고 조금씩 변화되는 모습을 촬영해요. 그런 다음 그 모습을 연결해서 보면 애니메이션이 되지요.

"종이를 잘라 애니메이션을 만든다니 신기하다."

"그렇지? 하지만 요즘은 대부분 필요한 장면 수만큼 똑같은 배경을 만들기 편리한 컴퓨터를 이용해서 그림을 그려. 그런데 네 아빠 어째서 오래전 기법을 이용하려는 거지?"

"오래전 기법이라면 요즘엔 사용하지 않는 기법이야?"

"응, 페이퍼 컷 아웃 애니메이션은 매 장면마다 동일한 배경을 일일이 그려야 해서 다양한 장면을 만들려면 많은 사람들이 필요하고 작업 시간이 오래 걸려."

"그럼 요즘은 어떻게 하는데?"

"요즘은 배경을 그린 다음 컴퓨터에 저장해 놓고 그 위에 여러 장의 그림을 이어 붙여. 그러면 시간도 절약하고, 배경도 똑같이 유지할 수 있고, 캐릭터의 움직임도 더 크고 생생하게 보여 줄 수 있거든."

"아빠는 왜 그 방법을 이용하지 않을까? 설마 모르고 계신 건가?"

"아마 여러 가지 기법으로 애니메이션을 만들고 싶어서일 거야. 네 아빠는 늘 여러 가지 방법으로 애니메이션을 만들고 시험해 보는 것을 좋아하니까."

아름이는 애니메이션 기법에 대해 더 알려 달라고 했어요. 열심히 배워서 아빠에게 알려 줄 **작정이었지요.**

"셀 애니메이션이 가장 일반적인 기법이라 할 수 있지."

셀 애니메이션은 1915년 얼 허드가 처음 만들었어요. 셀 애니메이션은 셀에 움직이는 캐릭터들만 그리고, 미리 그려 놓은 배경 위에 캐릭터를 그린 셀을 겹쳐서 촬영하는 방식으로 만들지요. 셀은 셀룰로이드를 말해요. 셀룰로이드는 필름을 만드는 데 이용하는 반투명한 물질이에요.

"셀 애니메이션은 우리 아빠도 사용하던 방법인 것 같은데?"

"그래, 셀 애니메이션은 지금까지도 **널리 사용하고** 있지. 디즈니가 만든 애니메이션들도 대부분 셀 애니메이션이었어."

"등장인물이 입체적인 인형처럼 보이는 애니메이션도 있던데."

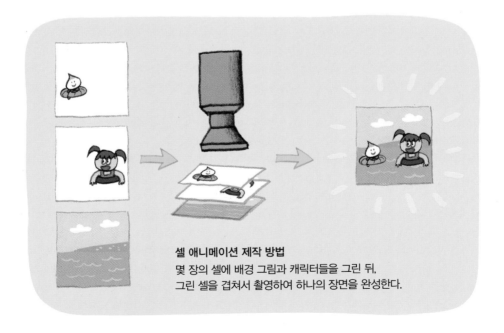

셀 애니메이션 제작 방법
몇 장의 셀에 배경 그림과 캐릭터들을 그린 뒤,
그린 셀을 겹쳐서 촬영하여 하나의 장면을 완성한다.

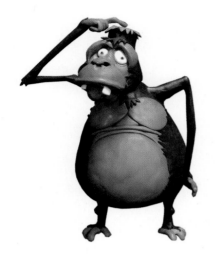

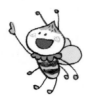

점토로 모형을 만들면 입체감을 표현하기 좋아.

점토로 만든 모형이다. 클레이 애니메이션은 점토를 이용해서 등장인물과 소품 모형을 만든 뒤 카메라로 찍어서 만들기 때문에 입체적인 느낌을 준다.

"그건 클레이 애니메이션이야. 클레이(Clay)는 점토라는 뜻이야."

클레이 애니메이션은 평면적인 그림 대신 특수한 점토로 입체적인 모형을 만들고 그것을 사진으로 찍어서 만드는 애니메이션이에요. 등장인물, 소품, 배경을 모두 점토로 만들어서 촬영하기 때문에 시간도 오래 걸리고 비용이 많이 들지요. 또 클레이 애니메이션을 만들 때는 특수한 점토를 사용해요. 이 점토는 색이 잘 섞이고 쉽게 굳지 않아서 모양을 수정하기도 쉽고, 점성이 매우 강해서 **튼튼한 모형**을 만들기 좋아요.

"클레이 애니메이션을 만들게 된 건 화면 속 물체들을 더욱 입체적으로 보이게 만들고 싶었기 때문이야. 요즘처럼 3D 기술이 없던 때에는 입체감을 살린 애니메이션을 만들기 위해 클레이를 이용했지."

"3D를 만들 수 있는 요즘도 클레이 애니메이션을 만들고 있잖아."

"그래, 하지만 요즘 만드는 클레이 모형들은 모두 컴퓨터를 이용해서 변형시키는 거야. 클레이 모형을 좋아하는 사람들을 위해 **입체감**을 살리고 **움직임**도 다양하고 자연스럽게 만들려고 컴퓨터 기술을 사용하지."

요즘은 종이에 그림을 그려 촬영하지 않고, 컴퓨터를 이용해서 그림을 그리고 그림을 움직이게 하지요. 이런 방식을 디지털 애니메이션이라고 해요. 디지털 애니메이션은 컴퓨터의 발전과 더불어 컴퓨터 그래픽스 기술까지 활용하고 있지요.

"현재까지 개발된 기술이 바로 가상의 3차원 공간을 만들어 내는 3D 애니메이션이야. 네 아빠가 이미 도전하고 있지. 나도 곧 3D 애니메이션으로 만들어질 거야."

아모미가 거들먹거리며 말했어요.

3D 애니메이션은 평면적인 과거의 애니메이션보다 더욱 현실적이고 입체적이에요. 그리고 다양한 배경과 공간을 그릴 수 있다는 장점이 있어요. 또 컴퓨터로 여러 가지 촬영 요소들을 조절할 수 있기 때문에 표현을 풍부하

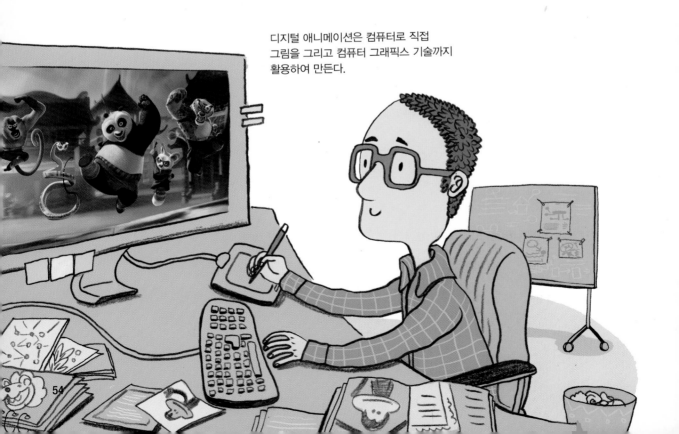

디지털 애니메이션은 컴퓨터로 직접
그림을 그리고 컴퓨터 그래픽스 기술까지
활용하여 만든다.

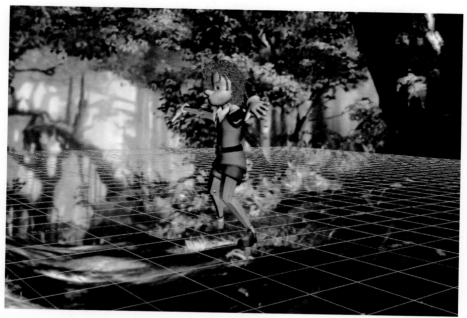

모션 캡처 기술을 이용해서 피노키오 3D 애니메이션을 만드는 모습이다. 이 기술은 사람, 동물, 기계 등에 센서를 달아 움직임을 기록하여 애니메이션 속 3D 캐릭터의 움직임을 만든다.

게 할 수 있지요. 3D 기술이 발전할수록 애니메이션은 살아 움직이는 것처럼 실감 나고 더욱 흥미로워질 거예요.

하지만 3D 애니메이션은 컴퓨터로 평면인 그림을 입체감 있게 바꾸고 이것을 다시 여러 가지 프로그램을 이용해서 움직이도록 해야 하기 때문에 복잡한 기술이 필요하답니다.

"이렇게 복잡하고 힘든 작업을 하느라 우리 아빠가 바쁜 거였구나."

아름이는 혼잣말로 중얼거렸어요.

"하지만 아빠 곁엔 재미있는 애니메이션을 만들기 위해서 함께 노력하는 사람들이 있어."

아모미는 아빠를 걱정하는 아름이를 달랬어요.

함께 만드는 애니메이션

"애니메이션을 만들려면 가장 먼저 어떤 이야기를 만들지 정해야 해. 이때 많은 사람들이 함께 기획 아이디어를 모으지."

"아빠도 다른 사람들과 함께 아이디어를 모은 거야?"

"그럼, 네 아빠의 **엉뚱한 아이디어**에 여러 사람들의 생각이 모아져서 그럴듯한 아이디어가 탄생하곤 했어."

이렇게 기획 아이디어가 완성되면 작가가 시나리오를 쓰기 시작해요. 이야기의 배경, 등장인물들에게 벌어지는 사건 등을 자세하고 재미있게 만드는 과정이지요.

"와, 시나리오 작가는 상상력이 풍부해야겠다."

"맞아. 그래서 작가들은 다양한 책을 읽고, 영화나 연극 같은 공연도 많이 보면서 **상상력을 키워요.**"

"나도 공주가 되는 상상을 하는데."

"그런 상상도 공주 이야기를 쓸 때는 도움이 되겠구나, 하하."

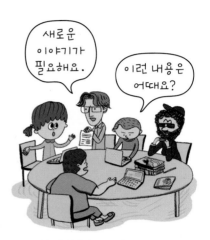

기획 아이디어 모으기
감독을 포함한 여러 사람들이 모여
어떤 애니메이션을 만들지 의논한다.

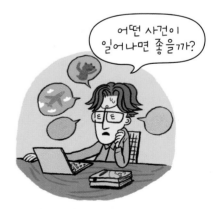

시나리오 쓰기
시나리오 작가가 기획 아이디어를
바탕으로 이야기를 재미있게 쓴다.

아모미가 깔깔ㅋㅋ대며 말했어요.

시나리오 작업이 끝나면 캐릭터 디자이너가 애니메이션에 등장할 **캐릭터**를 다양한 모습으로 그려요.

"나도 다양한 모습으로 그려져서 아모미라는 캐릭터가 완성된 거야."

"캐릭터를 만드는 작업도 단순하지가 않네."

"그럼, 애니메이션을 만들려면 서로 협동하는 것이 중요하지. 너 혹시 스토리보드를 본 적 있니?"

아름이는 언젠가 아빠 사무실에서 보았던 **스토리보드**가 생각났어요.

"응, 아빠 사무실에서 봤어. 애니메이션 속 장면들 같은데 그림이 복잡하고 설명이 써 있었어."

"그래, 맞아. 스토리보드에는 모든 장면을 **세세하게** 표현하지."

스토리보드가 완성되면 그에 따라 배경을 그리기 시작해요. 배경을 사실적으로 표현하기 위해 특정 장소에 직접 가서 사진을 찍고 자료를 모아 오기도 해요.

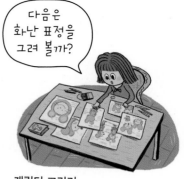

캐릭터 그리기
캐릭터 디자이너가 애니메이션에 등장할 캐릭터의 여러 가지 표정과 몸짓을 자세하게 그린다.

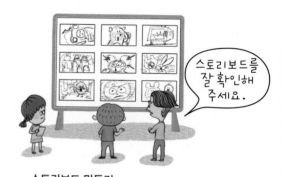

스토리보드 만들기
스토리보드에 장면마다 어떤 배경, 어떤 캐릭터, 어떤 대사와 이야기로 구상할지를 기록한다.

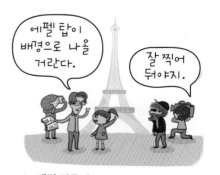

배경 만들기
스토리보드에 따라 배경을 만들기 위해 현장을 방문하여 사진을 찍고 자료를 수집한 뒤 배경을 그린다.

"배경을 잘 그린 뒤엔 각 장면의 구도를 **신중하게** 결정하고 그에 맞춰 그림을 그려. 이렇게 그린 그림들을 감독과 연출자가 꼼꼼히 확인하면서 수정할 부분, 뺄 부분, 추가할 부분을 결정하지."

"모든 그림이 애니메이션으로 만들어지는 게 아니야?"

"응, 애니메이션을 만들려면 수많은 그림들을 그리고 수정하는 작업이 필요해. **자연스러운 움직임**을 표현하려면 수많은 동화를 그리지. 여기서 동화는 움직이는 그림을 말해. 움직이는 모습을 자연스럽게 표현해 주는 한 장면, 한 장면의 그림이지."

그림 작가들은 작품 속 캐릭터가 어떤 상황에서 어떻게 움직일 것인지에 따라 필요한 장면 수를 계산해서 그림을 그려요. 그리고 그림이 모두 완성되면 카메라로 모든 장면을 촬영하지요. 이때 감독은 장면마다 가장 효과적인 카메라를 선정해서 아름다운 장면이 만들어지도록 노력해요.

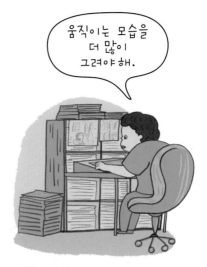

움직이는 모습을 더 많이 그려야 해.

동화 그리기
캐릭터의 움직임을 자연스럽게 표현해 주는 장면 수를 계산한다. 필요한 장면만큼 그림을 그린다.

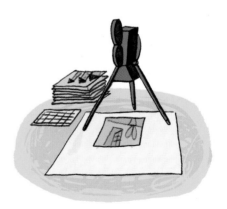

카메라로 촬영하기
채색까지 마쳐 완성한 그림들을 카메라로 찍어 필름으로 만든다.

촬영이 끝나면 목소리로 연기하는 성우들이 등장인물의 동작에 맞춰 목소리를 녹음해요. 배경 음악을 넣고 바람 소리, 초인종 소리와 같은 효과음을 덧입히는 작업도 하지요.

이때 음향 감독은 캐릭터와 어울리는 목소리의 성우와 애니메이션의 분위기에 맞는 음악을 찾으려고 노력해요.

"요즘에는 배우들이 캐릭터 목소리를 녹음하기도 해."

"나도 애니메이션에서 좋아하는 배우의 목소리를 들은 적이 있어. 친근한 목소리를 들으니 신기했어."

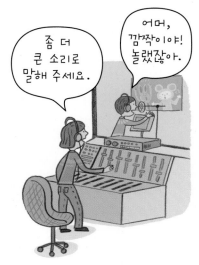

소리 녹음하기
성우의 목소리, 배경 음악, 초인종 소리, 바람 소리와 같은 효과음 등 음향 효과를 녹음한다.

이렇게 녹음까지 모두 마치면 감독과 편집자들은 필름을 스토리보드 순서에 맞춰 편집해요. 같은 배경의 장면들을 모아서 찍거나 먼저 그린 장면들부터 찍기도 하니까 순서가 뒤죽박죽이거든요.

"그럼 그 많은 장면들을 일일이 확인해서 순서에 맞게 붙이는 거야?"

"맞아. 그래서 스토리보드를 잘 확인하고 순서가 바뀌지 않도록 조심해야 해."

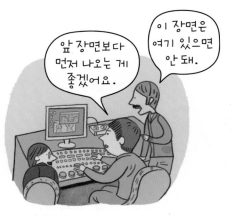

편집하기
필름을 순서에 맞춰 편집하고 영화 화면이나 텔레비전 화면에 맞춰 영상으로 만든다.

생생한 입체감을 만드는 기술

"네 아빠는 화면 밖으로 튀어나올 것 같은 3D 애니메이션을 만들고 싶어 했어. 그건 우리 눈과 관련이 있고 특별한 장치가 있어야 하지."

"정말? 우리 눈이 왜?"

"사람의 눈은 두 개이고 서로 떨어져 있어서 양쪽 눈은 각각 조금씩 다른 각도로 사물의 형태를 인식해. 이렇게 양쪽 눈을 통해 바라본 각각의 모습이 하나로 합쳐져서 뇌에 정보를 보내지. 즉 입체감을 느끼려면 두 눈이 보는 각도가 달라야만 해. 하지만 그림이나 텔레비전 화면은 평면이기 때문에 어떤 방향에서 보더라도 똑같지. 그래서 입체적으로 보이지 않는 거야."

손으로 한쪽 눈을 가리고 물건을 보세요. 이어서 반대쪽 눈을 가리고 같은 물건을 보면 어떤가요? 아주 작은 차이지만 사물이 보이는 각도가 약간 다른 것을 알 수 있어요.

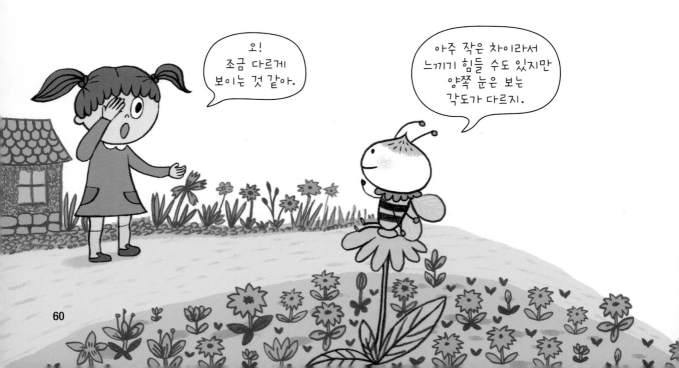

오! 조금 다르게 보이는 것 같아.

아주 작은 차이라서 느끼기 힘들 수도 있지만 양쪽 눈은 보는 각도가 다르지.

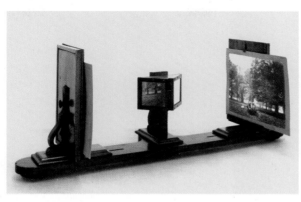

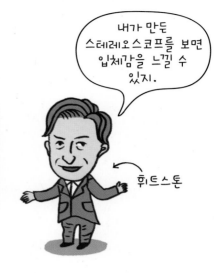

내가 만든 스테레오스코프를 보면 입체감을 느낄 수 있지.

휘트스톤

스테레오스코프
양쪽에 입체 사진이나 그림을 놓고 가운데 있는 거울을 통해 보면 입체적으로 보이는 장치이다.

사람들은 사진이나 그림, 화면을 입체적으로 볼 수 있는 장치를 개발하기 시작했어요. 그러다가 스테레오스코프를 개발했는데, 이것은 두 장의 사진이나 그림으로 **입체감을 주는** 장치예요.

"1838년 영국의 물리학자인 찰스 휘트스톤은 다른 사람들이 개발한 스테레오스코프를 연구하던 중 입체감이 생기는 원리를 정확히 알아냈어. 사람의 양쪽 눈 사이에는 일정한 거리가 있고, 이 거리 때문에 사물이 보이는 각도가 조금씩 달라진다는 것을 알게 되었지."

휘트스톤은 자신이 알아낸 원리를 바탕으로 두 장의 사진과 거울을 이용하여 사람의 양쪽 눈이 바라보는 **각도와 거리를 조절**해서 입체감을 느낄 수 있는 장치를 만들었어요. 이 장치도 스테레오스코프라고 불리지요.

"네 아빠가 만들고 있는 3D 애니메이션도 휘트스톤이 밝혀낸 이론과 기술을 이용하는 거야."

"와, 그렇구나."

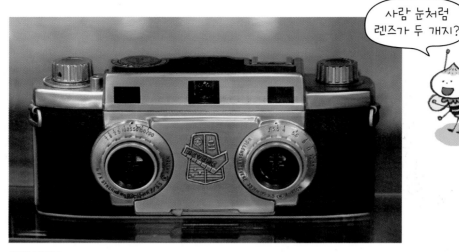

사람 눈처럼 렌즈가 두 개지?

입체 카메라
입체 카메라는 사람의 두 눈과 비슷하게 약 6.5~7cm 간격으로 떨어져 있는 렌즈가
물체를 촬영한다. 이렇게 찍은 사진을 특수한 장치로 보면 물체가 입체적으로 보인다.

그 후 입체 영상 장치는 발전을 거듭하여 3D 영상을 표현하게 됐지요. 중요한 것은 3D 영상을 만들려면 일반 카메라가 아니라 입체 카메라를 이용해야 한다는 거예요.

입체 카메라는 렌즈가 두 개이고, 렌즈 두 개 사이의 거리가 사람의 양쪽 눈 사이만큼 떨어져 있어요. 그래서 우리 눈이 물체를 보는 것처럼 촬영하여, 물체를 입체적으로 보여 주지요.

입체 카메라로 촬영한 영상을 볼 때는 **특수한 안경**을 껴야 해요. 입체 카메라로 촬영한 영상 두 개를 한꺼번에 보면 영상 두 개가 겹쳐져서 흐릿하게 보여요. 하지만 특수한 안경을 이용해서 양쪽 눈이 인식하는 각도를 다르게 만들면 마치 튀어나올 것 같은 입체 영상을 볼 수 있지요.

3D 영상을 볼 때 끼는 특수한 안경 중 하나가 적청 안경이에요. 적청 안경을 끼면 다른 각도로 촬영한 영상이 겹쳐져서 입체적으로 보여요.

"적청 안경은 집에서도 쉽게 만들 수 있어."

아모미가 셀로판지를 가져오며 말했어요.

"어떻게?"

"간단해. 안경 렌즈의 왼쪽에는 적색 셀로판지를 붙이고, 오른쪽에는 청색 셀로판지를 붙이면 돼."

"적청 안경만 있으면 영상을 입체적으로 볼 수 있어?"

"응, 하지만 적청 안경 방식의 3D 영상은 영화관처럼 특별한 곳에서만 볼 수 있어. 색깔을 적색과 청색으로만 구분하기 때문에 적청 안경에 적합한 특수한 화면이 필요하지."

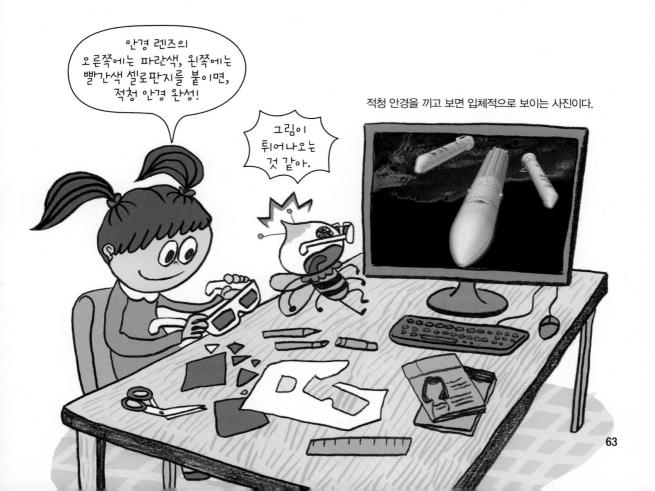

안경 렌즈의 오른쪽에는 파란색, 왼쪽에는 빨간색 셀로판지를 붙이면, 적청 안경 완성!

그림이 튀어나오는 것 같아.

적청 안경을 끼고 보면 입체적으로 보이는 사진이다.

"그런데 말야, 특수한 화면이 없으면 입체적인 영상을 볼 수 없어?"

"사람들도 그런 생각을 했어. 그래서 물체의 색깔은 그대로 표현하면서 입체적인 영상도 볼 수 있는 기술이 개발됐지."

"그건 눈으로 그냥 보면 되는 거야?"

"아니, 특수한 안경이 필요해."

"3D 영상을 보려면 반드시 안경을 껴야 해?"

아름이가 묻자 아모미가 어깨를 으쓱하며 말했어요.

"입체 안경 없이도 3D 영상을 볼 수 있는 방법이 있어. 오토스테레오스코픽이라는 방식이야."

오토스테레오스코픽 방식으로 개발된 것 중 하나가 패럴랙스 배리어 텔레비전이에요. 이것은 화면에 많은 구멍을 뚫어서 텔레비전의 영상을 엇갈려 보이게 만든 것이에요. 안경을 쓰지 않고도 입체적인 영상을 볼 수 있는 최신 기술이지만, 각도를 바꾸면 입체감이 사라지기 때문에 널리 보급되지 못했답니다.

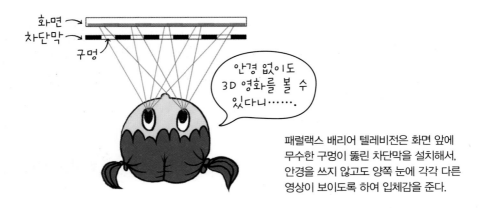

패럴랙스 배리어 텔레비전은 화면 앞에 무수한 구멍이 뚫린 차단막을 설치해서, 안경을 쓰지 않고도 양쪽 눈에 각각 다른 영상이 보이도록 하여 입체감을 준다.

"3D 영상을 볼 수 있는 방법은 앞으로 더욱 편리하게 발전하겠지?"

아모미는 현재 3D 영화를 넘어서 4D 영화까지도 만들어지고 있다고 말했어요. 4D 영화란 바람이 불거나 물이 튀는 효과, 땅이 흔들리거나 냄새가 나는 효과까지 생생하게 전하는 영화를 말해요. 영화를 보는 동안 관객들은 마치 영화 속 세계에 들어온 것 같은 생동감을 느끼지요.

"미래에는 게임에도 4D 방식이 적용될 거야. 그러면 더욱 생생하고 실감 나는 게임을 즐기게 되겠지?"

아름이는 사탕 나라 게임을 하는 자신의 모습을 상상해 보았어요. 게임 속 사탕 나무에서 달콤한 향이 나고, 게임 속에서 비가 내리면 실제로 빗방울이 튀는 게임이 개발될 것이라니 하루라도 빨리 그런 게임을 해 보고 싶었어요.

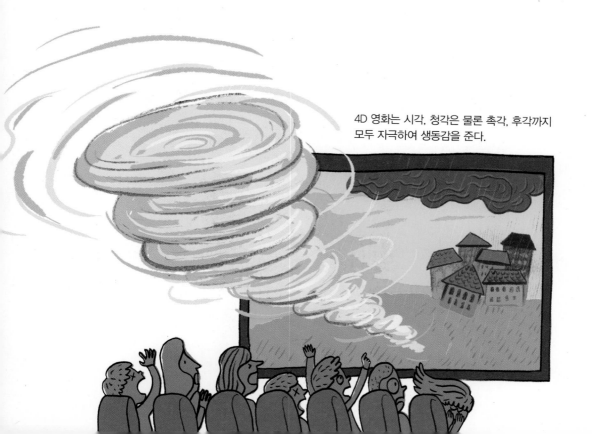

4D 영화는 시각, 청각은 물론 촉각, 후각까지 모두 자극하여 생동감을 준다.

신기한 증강 현실

"앞으로 애니메이션이나 영화는 증강 현실과 가상 현실 기술을 이용해서 만들어질 거야."

"증강 현실이라고?"

"응. 우리가 사는 세계가 현실이면, 인터넷이나 게임이나 영화 속 세계는 가상 현실이야. 증강 현실은 기계 장치를 이용해서 현실과 가상 현실을 연결해 주는 거야. 증강 현실 기술을 이용하면 지금 나처럼 그림 속 캐릭터가 눈앞에 나타나서 얘기하는 것도 가능하지."

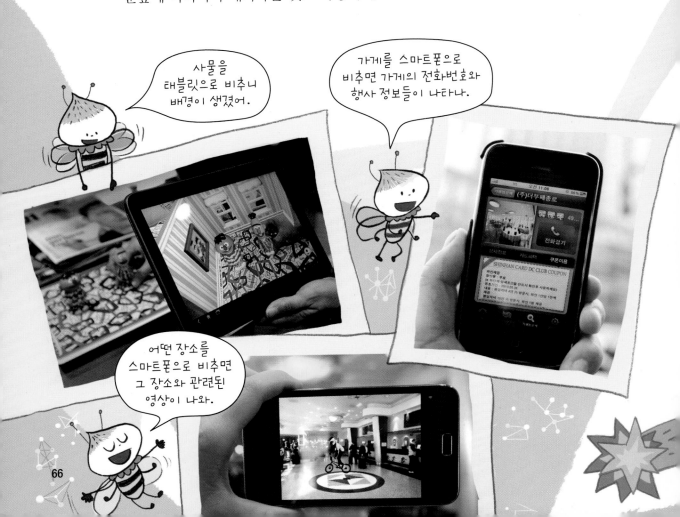

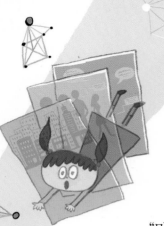

가상 현실은 배경이나 환경을 가짜로 만들어 낸 것이고, 증강 현실은 3차원 가상 현실을 실제 현실과 연결하는 거예요.

"가상 현실이 실제와 연결된다고?"

"맞아. 스마트폰이나 텔레비전, 컴퓨터를 이용해서 가상 현실 속으로 들어갈 수 있어."

"어떻게?"

"스마트폰에서 증강 현실 어플리케이션을 실행하고 카메라로 거리를 비추면 다양한 정보가 스마트폰 화면에 뜨는 거야. 음식점의 할인 이벤트, 병원의 진료 정보 같은 것들이 줄줄 나오는 거지."

"와! 그럼 엄청 편리하겠다."

앞으로 증강 현실은 더욱 발전하게 될 거예요. 지금 게임이나 영화는 가상 현실을 이용한 것들이 많지만, 앞으로 증강 현실 기술이 발달하면 실제 현실에서 모험하고, 체험하는 게임과 영화가 많아지겠지요.

아름이는 눈을 감고 증강 현실 기술과 함께할 미래를 상상해 보았어요. 생각만 해도 가슴이 두근거리고 흥미로웠지요.

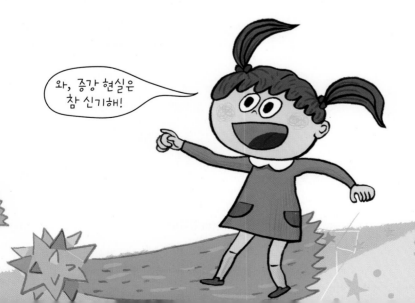

와, 증강 현실은 참 신기해!

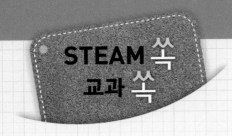

 Q | 그림 <줄에 매인 개의 움직임>의 특징은 무엇일까?

A | 이 그림은 1900년대 이탈리아 화가인 자
코모 발라가 그린 그림이다. 이 그림의 가
장 큰 특징은 개의 다리를 여러 개로 표현
한 것이다.

사람들은 동물의 움직임을 표현하기 위해
여러 가지 방법을 사용했다. 이 그림에서
는 개가 움직이는 듯한 느낌을 표현하기
위해 다리를 여러 개로 그렸다.

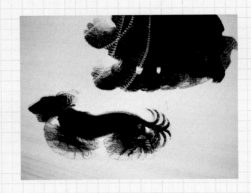

 Q | 페나키스토스코프는 어떻게 그림을 움직이는 것처럼
보이게 할까?

A | 페나키스토스코프는 둘레에 작은 구멍이 일정한 간격으로
뚫려 있는 원반에 막대기를 연결한 모양이다. 작은 구멍을
피해 원반 둘레에 연속된 동작을 그리고, 거울 앞에서 원
반을 똑바로 들어 그림이 거울에 비치게 한 뒤, 작은 구멍
을 통해 거울에 비친 그림을 응시하며 원반을 돌린다. 그
러면 마치 그림이 움직이는 것처럼 보인다.

이것은 우리 눈의 착시 현상을 이용한 것이다. 연속된 그
림이 짧은 시간 동안 나타났다 사라지는 것을 반복하면 우
리는 그림이 움직이는 것처럼 느낀다.

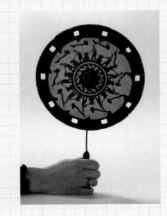

| ## 3D 영화를 볼 때 적청 안경을 쓰는 이유가 무엇일까?

 | 3D 영상을 만들 때 사용하는 입체 카메라는 렌즈가 두 개 달려 있다. 렌즈 두 개의 사이가 사람의 양쪽 눈 사이만큼 떨어져 있어서 우리 눈이 물체를 보는 것처럼 촬영하여, 물체를 입체적으로 보여 준다.

하지만 입체 카메라로 찍은 3D 영상은 화면이 평면이다. 그래서 적청 안경으로 양쪽 눈이 인식하는 각도를 다르게 만들어 준다. 그러면 마치 튀어나올 것 같은 입체 영상을 볼 수 있다.

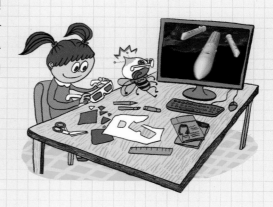

 | ## 가상 현실과 증강 현실의 차이는 무엇일까?

 | 가상 현실은 컴퓨터로 가상의 환경이나 공간을 만들어 놓고 사람이 가상 공간과 서로 반응하게 하는 기술이다. 가상 현실은 사람이 고글, 헤드폰을 끼면 컴퓨터가 만들어 낸 환경 속에 들어간 것처럼 만들어 준다. 예를 들어 비행기 조종법을 훈련할 때나 수술을 연습할 때에 가상 현실이 쓰이고 있다.

증강 현실은 실존하는 공간을 영상이나 사진으로 보여줄 때 컴퓨터가 만들어 낸 정보를 이미지에 겹쳐서 제공하는 기술을 말한다. 예를 들어 우리나라 남대문 사진에 남대문의 역사 정보를 결합시키거나, 공룡 사진에 공룡의 이름과 살았던 시대를 함께 보여 주는 것이다.

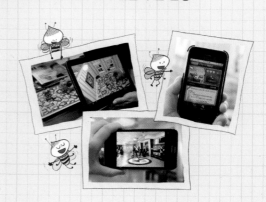

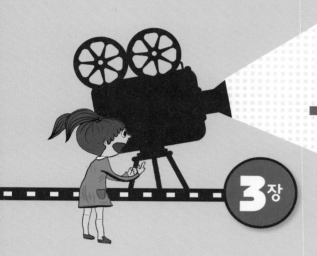

아빠를 응원하자!

3장

아빠가 만든 애니메이션의 문제

철컥, 방문이 열리는 소리가 났어요. 아빠가 방에서 나오신 모양이에요. 아름이는 얼른 아빠의 작업실을 빠져나왔지요. 아빠가 몹시 지친 표정으로 서 계셨어요.

아름이는 아빠의 안색을 살피다가 조심스럽게 물었어요.

"아빠, 무슨 일 있으세요?"

"아무래도 수학적인 계산을 잘못한 것 같구나."

아빠는 사무실로 가 봐야겠다며 서둘러 나가셨어요. 아름이는 애니메이션에 수학적 계산이 필요하다는 사실에 깜짝 놀랐어요.

"수학적인 문제라는 게 뭘까?"

아름이가 다시 아빠의 작업실로 들어오며 묻자, 아모미가 한숨을 내쉬며 대답했어요.

"캐릭터도 좋고 내용도 마음에 드는데 필름 길이가 짧아서 영화를 상영할 수 없대."

아름이 아빠는 예전에 만든 셀 애니메이션을 영화관에서 상영하고 싶어 했지만 필름 길이가 너무 짧은 게 문제였지요.

영화관에서는 애니메이션의 상영 시간이 90~120분인 것을 가장 선호해요. 상영 시간을 90~120분으로 조절하면, 하루에 상영할 수 있는 애니메이션 횟수가 가장 많아지기 때문이에요.

"그럼 아빠의 필름이 얼마나 길어야 해?"

"궁금하지? 지금부터 같이 계산해 보자."

일반적으로 애니메이션은 1초에 24개 프레임이 필요해요. 프레임은 애니메이션을 구성하는 1개의 장면을 말해요.

> **90분짜리 애니메이션에 필요한 프레임 수**
>
> 24(개)×60(초)×90(분)=129,600(개)

필름은 길이 단위로 나타낼 수도 있어요. 1초에 필요한 필름을 길이 단위로 나타내면 60.96cm예요.

> **90분짜리 애니메이션에 필요한 필름 길이**
>
> 60.96(cm)×60(초)×90(분)=329,184(cm)

"와, 90분짜리 애니메이션을 상영하려면 엄청 긴 필름이 필요하구나. 그럼 그림을 더 그려야 해?"

"다른 방법이 있긴 해. 1초 동안에 상영할 그림 수를 줄이면 상영 시간을 늘릴 수 있어. 하지만 그렇게 하면 캐릭터의 움직임이 **투박하고 어색한** 애니메이션이 만들어지지."

아모미는 아름이 아빠가 그런 애니메이션을 만들 리가 없다고 했어요.

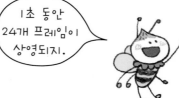

1초 동안 24개 프레임이 상영되지.

프레임

아빠를 응원하는 영상

"아모미, 나도 직접 영상을 만들어 보고 싶어."

"그래? 어떤 주제로 만들고 싶니?"

"아빠한테 힘내라는 응원 영상을 만들면 어떨까?"

아모미는 좋은 생각이라며 **박수를 쳤어요.** 아름이는 멋진 영상을 보고 감동할 아빠의 모습을 떠올리며 웃음을 지었지요.

"그런데 영화관에서 보여 줄 거야? 아니면 텔레비전으로 보여 줄 거야?"

"글쎄. 아무데서나 보여 주면 어때?"

"안 돼. 영상을 만들려면 화면의 **가로와 세로 비**를 정해야 해."

요즘 텔레비전은 가로의 비가 길어졌지만, 예전에는 정사각형에 가까웠어요. 반면 영화 화면은 직사각형이었지요. 텔레비전 화면의 가로와 세로 비는 1.33:1이고, 영화 화면의 가로와 세로 비는 1.85:1이었어요.

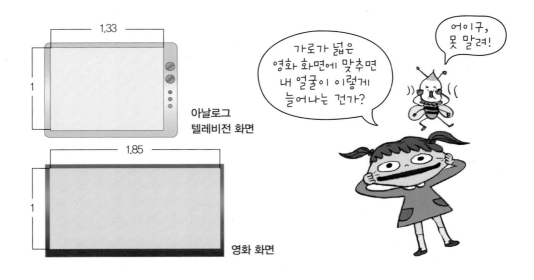

아날로그 텔레비전 화면

영화 화면

가로가 넓은 영화 화면에 맞추면 내 얼굴이 이렇게 늘어나는 건가?

어이구, 못 말려!

"영화 화면과 텔레비전 화면은 비율이 왜 다른 거야?"

아름이는 고개를 갸웃했어요.

"영화 화면과 텔레비전 화면의 가로와 세로 비가 다른 건 둘의 역사 속에 숨은 전쟁 때문이야."

먼저 개발된 것은 영화였어요. 처음에 영화 화면은 텔레비전 화면처럼 가로와 세로 비가 1.33:1이었어요. 1906년까지만 해도 영화 화면의 가로와 세로 비를 1.33:1로 통일하여 국제 표준으로 정할 정도였지요.

하지만 텔레비전이 보급되면서 영화관을 찾는 사람이 뜸해졌어요. 집에서도 편하게 영화를 볼 수 있는데, 굳이 영화관까지 가서 돈을 내고 영화를 볼 필요가 없어진 거예요.

영화관 주인과 영화를 만드는 사람들은 대책을 세워야 했어요. 그래서 사람들은 가로 비가 더 긴 영상을 만들기로 했어요. 영화 화면의 가로와 세로 비가 1.66:1, 1.85:1, 2.35:1로 바뀌게 된 이유이지요.

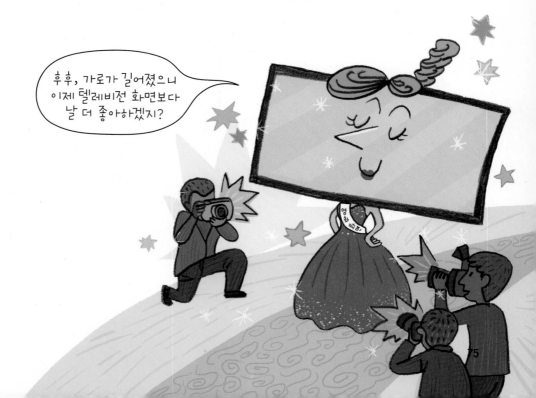

후후, 가로가 길어졌으니 이제 텔레비전 화면보다 날 더 좋아하겠지?

하지만 영화 화면에서 가로의 비가 더 커지자 텔레비전도 비슷하게 바뀌었어요. 텔레비전 화면도 가로의 비가 더 큰 와이드 텔레비전이 등장했어요. 와이드 텔레비전 화면의 가로와 세로 비는 16:9=1.78:1이지요.

"그런데 비가 **정확히 뭐야?**"

"비는 비교하는 양과 기준량의 관계야."

둘 이상의 수나 양을 비교하는 것이 '비'이고, 기호는 ' : '를 사용해요. 기호 대신 분수로 나타내면 '비율'이 되지요.

"비율은 어떻게 구해?"

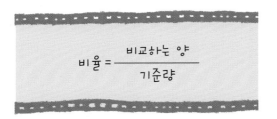

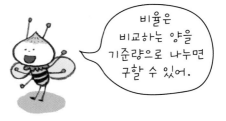

비율, 기준량, 비교하는 양 가운데 두 가지만 알면 나머지 한 가지를 계산할 수 있어요.

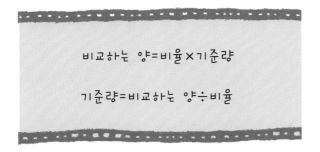

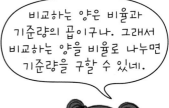

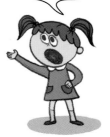

가로가 16cm이고 세로가 1cm인 사각형이 있을 때, 이 사각형의 세로에 대한 가로의 비율은 $\frac{16(\text{cm})}{1(\text{cm})}$으로, 16은 비교하는 양이고 1은 기준량이 되지요.

가로 16cm, 세로 1cm 사각형의 세로에 대한 가로 비율

$$\text{비율} = \frac{\text{비교하는 양}}{\text{기준량}} = \frac{16(\text{cm})}{1(\text{cm})}$$

"화면의 가로와 세로 비를 잘 계산해서, 아빠를 위한 응원 영상이 찌그러져 보이거나 이상해 보이지 않도록 만들어야 해."

"응원 영상을 하나 만들고 싶어도 화면의 가로와 세로 비를 생각해야 하다니, 뭐가 이렇게 복잡해!"

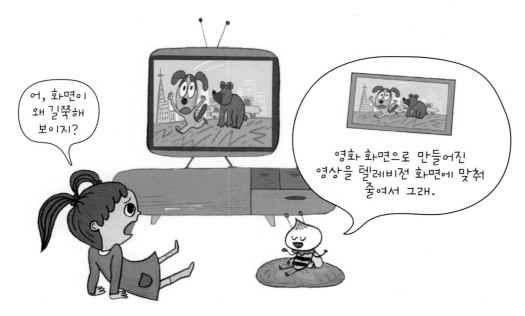

어, 화면이 왜 길쭉해 보이지?

영화 화면으로 만들어진 영상을 텔레비전 화면에 맞춰 줄여서 그래.

아름이가 만든 영화 표

아름이는 아빠와 함께 만든 영화 표를 서랍
에서 꺼냈어요. 언젠가 아빠의 애니메이션을
영화관에서 상영할 날을 상상하며 영화 표를 만들어 두었어요.

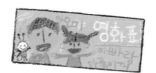

"어머나, 그 엉터리 영화 표는 뭐니?"

아모미가 불쑥 물었어요.

"엉터리라고?"

"그래, 그 영화 표에는 수학이 없잖아. 그러니 엉터리지. 진짜 영화 표에
는 좌표와 비슷한 방법으로 좌석 번호가 표시되어 있어. 그리고 상영관 앞
에는 좌석 배치도가 있지. 앉을 좌석을 알려 주는 그림 말이야. 참, 좌표가
뭔지는 알지?"

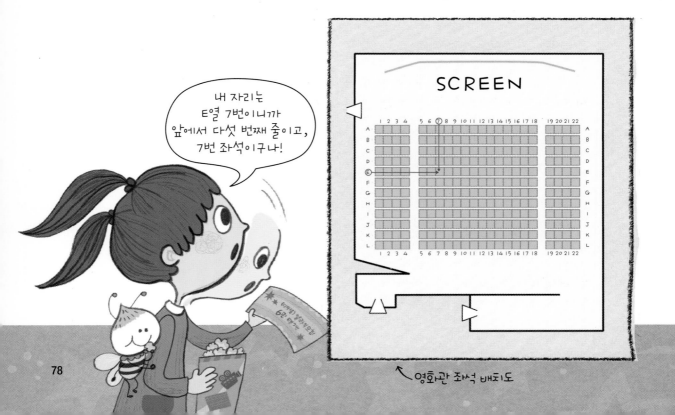

영화관 좌석 배치도

"프랑스의 철학자 데카르트가 찾아낸 수학 이론이잖아. 책에서 읽은 적이
있어."

르네 데카르트는 '나는 생각한다. 그러므로 나는 존재한다.'라는 유명한
말을 한 철학자예요. 군대에 있던 데카르트는 군대 막사에 누워서 천장을
보며 **생각에 빠졌어요.** 그러다 우연
히 파리 한 마리가 날아다니는 걸 보았
지요. 데카르트는 파리의 위치를 수학
적으로 표시할 수 있는 방법을 고민하
다가 좌표 평면의 개념을 떠올리게 됐
어요. 모서리를 기준으로 가로는 X축,
세로는 Y축으로 하여 천장에 있는 파
리의 위치를 두 수의 순서쌍(X축의 위
치, Y축의 위치)으로 나타내는 것이지요.

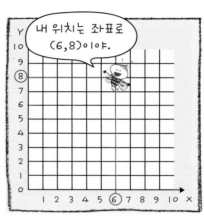

좌표 평면에서는 특정 위치를
순서쌍으로 나타낸다.

"좌표는 우리 생활에서 널리 사용되
고 있어. 앞에서 이야기한 영화관 좌석 표시를 포함해서 야구장 관람석 표
시 등 지정된 자리를 누구나 찾기 쉽게 나타낼 때 사용하지."

"그렇구나."

만약 좌석을 좌표 평면으로 표시하지 않으면 관객들은 자기 자리를 찾느
라 **우왕좌왕할** 거야."

영화관의 좌석에는 좌석 표시뿐만 아니라 여러 가지 수학적 원리가 담겨
있어요. 좌석의 배치, 의자와 의자 사이의 폭, 객석의 높이도 모두 수학적
인 계산을 통해 설계된 것들이지요.

문득 아름이는 가족들과 영화관에 갔던 기억이 떠올랐어요. 그때 아름이네 가족은 팝콘을 사려다가 영화 시작 시간을 놓쳐 버렸지요. 아빠와 아름이는 **부랴부랴** 영화관 안으로 들어갔어요. 그랬더니 사람들이 이미 자리를 잡고 앉아 있었어요.

"저쪽 가운데가 우리 자리로구나!"

아빠는 허리를 숙인 채 "실례합니다."라고 하며 안으로 걸어갔어요. 아름이도 그 뒤를 쫓아갔지요.

"생각해 보니까 그때 앞뒤 의자 사이의 간격이 꽤 넓어서 쉽게 걸어갈 수 있었던 것 같아."

"당연하지. 영화관 좌석은 사람들이 모두 **편안하게** 영화를 볼 수 있도록 만들어져 있으니까."

영화관 좌석은 보통 출입이 편리하도록 앞사람과 뒷사람의 간격이 1m가 넘게 배치되어 있어요. 뒷사람의 발이 앞사람의 좌석에 닿아 불쾌감을 주

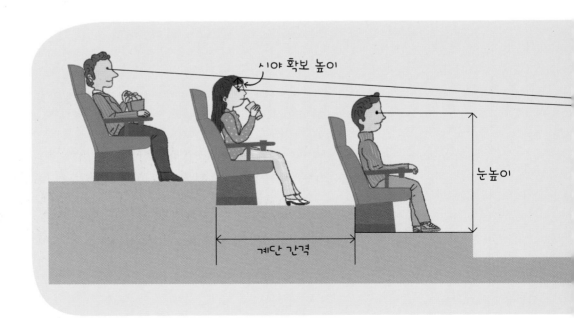

거나 불편하지 않도록 하고 사람들이 편하게 들락날락할 수 있도록 충분한 여유 공간을 둔 것이지요.

영화관에서는 의자 높이도 앞사람과 뒷사람 사이의 간격, 단의 높이, 사람들의 앉은키 등을 모두 고려해서 정해요. 의자 높이가 지나치게 높을 경우 화면이 보이지 않고 지나치게 낮을 경우 영화를 보는 사람이 불편함을 느끼기 때문이에요.

좌석의 단 높이를 설계할 때에도 여러 가지 수치를 고려해요. 보통 키의 사람이 의자에 앉았을 때 시선의 위치, 화면의 위치, 화면에서 좌석까지의 거리, 계단 간격 등을 계산해야 하지요. 그래야 영화관에 있는 모든 사람들이 영화를 편안하게 볼 수 있답니다.

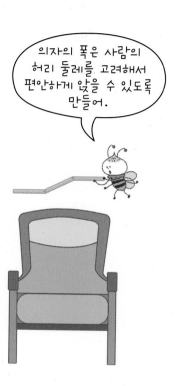

의자의 폭은 사람의 허리 둘레를 고려해서 편안하게 앉을 수 있도록 만들어.

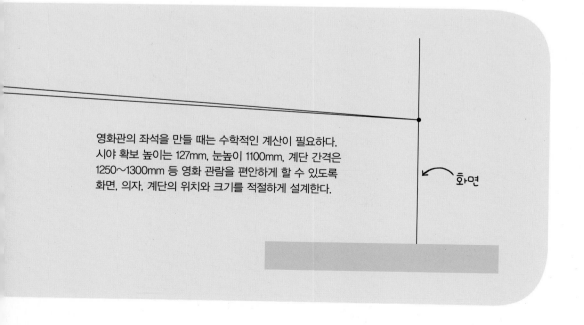

영화관의 좌석을 만들 때는 수학적인 계산이 필요하다. 시야 확보 높이는 127mm, 눈높이 1100mm, 계단 간격은 1250~1300mm 등 영화 관람을 편안하게 할 수 있도록 화면, 의자, 계단의 위치와 크기를 적절하게 설계한다.

화면

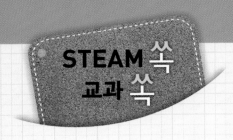

 영화 필름에서 프레임이란 무엇일까?

 프레임은 필름에서 한 장면을 말한다. 영화 필름을 보면 연속되는 장면이 주르륵 연결되어 있다. 이때 필름 한 칸이 프레임이 되는 것이다. 프레임은 한 장면을 뜻하며, 보통 1초에 24개 프레임이 상영된다. 다시 말해 1초에 24개의 멈춘 장면을 보여 준다는 의미이다. 그러면 우리 눈은 빠른 속도로 지나가는 장면 하나하나를 구분하지 못하고 연속된 움직임으로 인식한다.

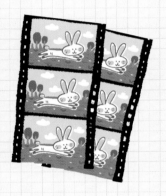

4학년 1학기 수학 2.곱셈과 나눗셈

 1시간 30분 짜리 영화를 만들려면 프레임이 몇 개 필요할까?

 영화는 보통 1초에 24개 프레임이 상영된다. 따라서 1시간 30분짜리 영화를 만들려면 먼저 시간의 단위를 이해해야 한다.

1시간은 60분이고, 1분은 60초이다. 즉 1시간 30분을 분으로 나타내면 90분(60분＋30분＝90분)이고, 90분을 초로 나타내면 5400초(90분×60초＝5400초)이다.

1초에 필요한 프레임이 24개이므로, 5400초에 필요한 프레임은, 5400초×24개＝129,600개이다.

따라서 1시간 30분짜리 영화를 만들려면 129,600개 프레임이 필요하다.

가로와 세로 비가 4:3인 텔레비전 화면의 가로가 48cm일 때 세로는 몇 cm일까?

텔레비전 가로와 세로 비가 4:3이므로,
가로:세로 = 4:3이다.
이때 가로가 48cm이므로, 가로 대신 48을
넣어 식을 만들 수 있다.
48:세로 = 4:3
세로 = $\frac{48 \times 3}{4}$ = 36
따라서 가로와 세로 비가 4:3인 텔레비전
화면의 가로가 48cm일 때 세로는 36cm이다.

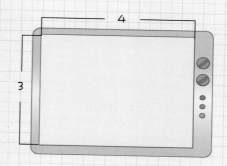

좌표란 무엇일까?

좌표는 평면에서 어떤 점의 위치를 나타내는 수
의 쌍을 말한다. 이것을 순서쌍이라고도 한다.
순서쌍은 두 개 값에 순서를 주어 만든 짝으로
(2,3)과 같이 표현한다.
좌표 평면에서 점의 위치를 표현할 때 가로축(X
축)의 좌표를 앞에 쓰고 세로축(y축)의 좌표를
뒤에 써서 (x,y)와 같이 나타낸다. 순서쌍이 (2,3)
이라면 좌표 평면에서 점의 위치는 x축으로 2, y
축으로 3이 되는 지점을 뜻한다.

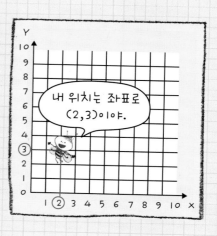

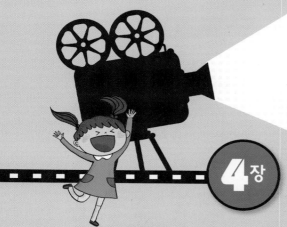

아빠가
만들고 싶은
애니메이션

4장

애니메이션을 향한 꿈

아름이는 아빠가 그린 그림들을 물끄러미 바라보았어요. 그 모습을 본 엄마가 물었어요.

"무슨 생각을 그렇게 골똘히 하고 있니?"

"엄마, 아빠는 어떤 애니메이션을 만들고 싶으신 걸까요?"

아름이의 말에 엄마가 미소를 지었어요.

"아빠가 만든 캐릭터인 아모미가 무슨 뜻인 줄 아니?"

"그 이름에 뜻이 있어요?"

엄마는 고개를 끄덕였어요.

꿀벌 아모미는 '아이들 모두가 아름답게 볼 수 있는 애니메이션'이라는 뜻이래요. 아빠는 아모미의 뜻처럼 아이들 모두가 아름답게 볼 수 있는 애니메이션을 만들고 싶은 거예요. 아름이는 아빠의 작업실로 다시 들어왔어요.

그러자 아모미가 모니터에서 불쑥 튀어나왔지요.

"무슨 일인데 어깨가 축 처져 있어?"

"우리 아빠는 원하는 작품을 끝까지 만들 수 있을까? 아모미, 네가 모든 아이들 앞에 서는 날이 올까?"

아름이가 실망한 듯 묻자, 아모미가 팔짱을 끼며 말했어요.

"애니메이션의 아버지인 월트 디즈니도 원하는 작품을 한 번에 만들지는 못했어. 애니메이션은 새로운 도전이야. 도전에는 늘 고통이 따르고."

디즈니는 매우 가난한 집안에서 태어나 힘겹게 애니메이션 기술을 배웠어요. 그러던 어느 날 디즈니는 친구인 어브 아이웍스와 함께 조그마한 스튜디오를 열고 애니메이션을 만들기 시작했어요. 몇 번의 실패 끝에 디즈니와 아이웍스는 오스왈드라는 토끼가 등장하는 애니메이션을 만들었어요.

하지만 디즈니의 작품을 탐내던 제작사가 거짓으로 계약을 해서 오스왈드를 빼앗고, 디즈니와 함께 일하던 애니메이터들도 빼돌렸어요.

"어떡해!"

"걱정 마. 디즈니는 애니메이션을 만들겠다는 꿈을 갖고 있었어. 결코 포기하지 않았지."

디즈니와 아이웍스는 **다시 힘을 합쳐** 새로운 캐릭터를 만들었어요. 1928년 〈증기선 윌리〉라는 애니메이션을 통해 처음으로 소개한 쥐 캐릭터예요. 바로 미키 마우스지요. 디즈니는 미키 마우스의 목소리까지 직접 녹음하며 미키 마우스 캐릭터가 성공하기를 바랐어요. 미키 마우스는 디즈니의 바람대로 사람들에게 큰 인기를 끌었지요.

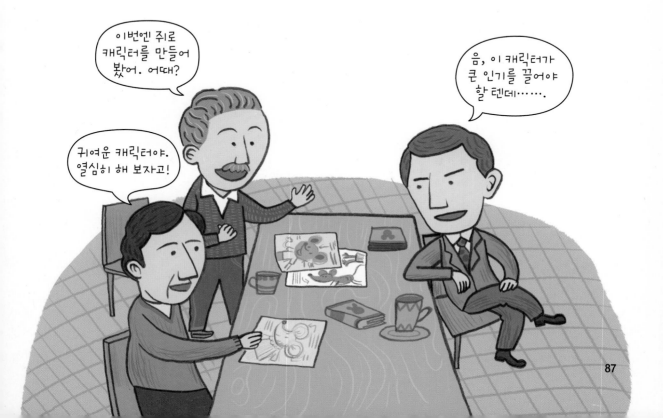

"아빠는 늘 새로운 아이디어가 떠오르지 않는다고 고민해. 아모미, 애니메이션을 만들려면 끊임없이 새로운 아이디어가 필요한 거야?"

"그럼, 수많은 애니메이션을 만든 디즈니도 새로운 것을 생각하고 또 생각했어. 그리고 계속해서 새로운 도전을 했지."

디즈니는 흑백이었던 애니메이션 그림을 컬러로 만들고, 애니메이션에 노래를 넣기도 했지요.

그러던 어느 날 디즈니의 머릿속에 기막힌 생각이 떠올랐어요. 모두가 좋아하는 고전 동화인 〈백설 공주〉를 애니메이션으로 만드는 것이었지요.

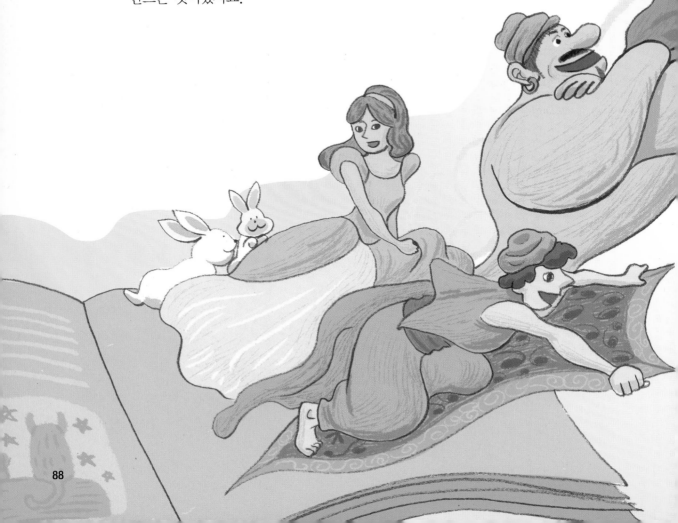

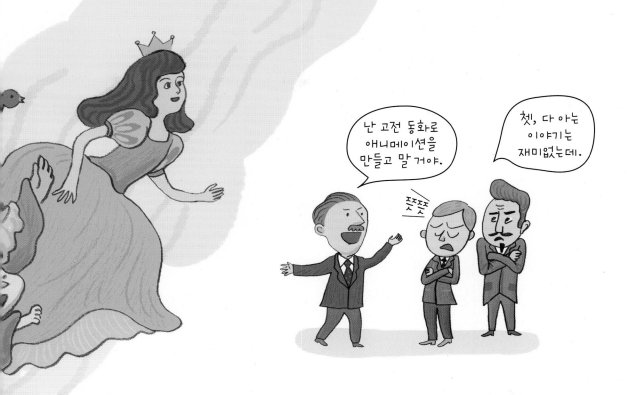

난 고전 동화로 애니메이션을 만들고 말 거야.

쳇, 다 아는 이야기는 재미없는데.

쯧쯧쯧

디즈니의 생각을 들은 사람들은 코웃음을 쳤어요.

'누구나 뻔히 아는 이야기를 애니메이션으로 만든다면 과연 사람들이 좋아할까?'라는 생각 때문이었지요. 그래서 처음엔 디즈니의 친구인 아이웍스도 반대했어요.

하지만 디즈니는 성공을 자신했어요. 누구나 알고 있는 〈백설 공주〉 이야기 속에는 무시무시한 왕비, 독 사과, 요술 거울, 왕자님과의 사랑이라는 **흥미진진한** 소재들이 가득했거든요. 디즈니는 동화 속 캐릭터를 더 재미있게 만들기 위해 그림을 그리기 시작했어요.

"고전 동화를 고쳐 써서 새로운 장편 애니메이션을 만드는 건 쉬운 일이 아니었지. 그래서 디즈니의 처음 계획과 달리 〈백설 공주〉를 애니메이션으로 만드는 데는 **아주 오랜 시간**이 걸렸어."

"우리 아빠랑 비슷하구나. 우리 아빠도 처음에는 딱 1년만 기다려 달라고 했어. 그런데 벌써 3년이 지났지."

"그래. 디즈니도 자신의 판단이 틀리다고 생각하지 않았어. 계속해서 더 재미있는 애니메이션을 만들기 위해 노력했지."

디즈니는 〈백설 공주〉 동화에 나오는 캐릭터를 재미있게 바꾸었어요.

옛날이야기 속의 마음이 여린 공주를 밝고 씩씩한 공주로 탈바꿈시켰지요. 그리고 재채기쟁이 난쟁이, 투덜이 난쟁이, 박사 난쟁이, 소심한 난쟁이 등 일곱 난쟁이의 캐릭터를 익살스럽게 꾸미려고 노력했어요. 고전 동화에는 등장하지 않는 캐릭터를 만들어 낸 것이지요.

디즈니가 난쟁이의 이름을 정하고 모습을 만들기까지는 무려 2년이 넘는

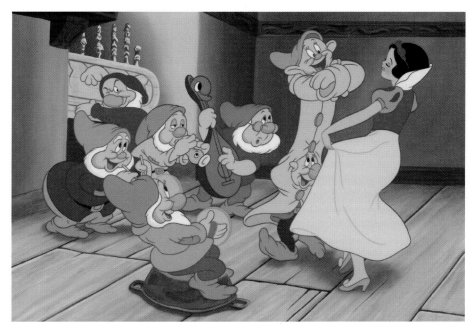

〈백설 공주와 일곱 난쟁이〉는 고전 동화와는 색다른 캐릭터의 모습 덕분에 큰 인기를 얻었다.

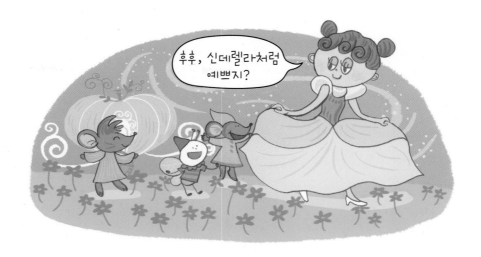

시간이 걸렸어요.

"디즈니는 이후에 만든 애니메이션에서도 주인공 곁에서 장난스럽고 우스꽝스러운 행동을 하는 조연을 빼놓지 않고 꼭 만들었어."

"백설 공주에서는 일곱 난쟁이를, 신데렐라에서는 귀여운 동물 친구들을 등장시킨 것처럼 말이야?"

아름이는 자기도 알고 있다는 듯이 말했어요.

"그렇지. 이런 재미있는 캐릭터들은 월트 디즈니사에서 만든 애니메이션의 특징이 되었어."

1937년 마침내 〈백설 공주와 일곱 난쟁이〉를 개봉하고, 월트 디즈니사는 큰 성공을 거두었어요. 그리고 이어서 〈피노키오〉, 〈피터 팬〉 등 고전을 각색한 애니메이션을 계속 만들었어요. 이 애니메이션에도 유쾌한 스토리, 행복한 결말, 재미있는 캐릭터들이 어김없이 등장했지요.

"디즈니는 자신의 애니메이션을 통해 사람들이 누구나 한번쯤 상상해 보았던 꿈이 이루어지기를 바랐어. 애니메이션을 보는 사람들이 모두 행복하길 바랐던 거지."

디즈니 애니메이션

"지난번에 아빠랑 애니메이션 박물관에 갔다가 〈미녀와 야수〉라는 애니메이션을 봤어. 미녀와 야수가 춤추는 장면에서 아빠가 노래를 흥얼거리며 따라 불렀어. 나는 좀 창피했는데 아빠는 무척이나 신나 보였어. 환하게 웃는 아빠 표정이 재미있어서 웃고 말았지."

아름이 말에 아모미는 빙긋 웃으며 말했어요.

"네 아빠는 뮤지컬처럼 화려한 애니메이션을 특히 좋아했어. 언젠가는 내가 노래 부르는 장면을 그리면서, 신나게 노래를 흥얼거렸었지. 그래서 네 아빠가 디즈니 애니메이션을 좋아하는 거야."

"왜? 디즈니 애니메이션이 어떤데?"

"디즈니 애니메이션에는 뮤지컬처럼 노래하는 장면이 자주 등장해. 그래서 주인공의 감정이 더욱 풍부하게 느껴지고 애니메이션이 끝나도 오랫동안 여운이 남지."

이렇게 애니메이션을 더욱 흥미롭고 즐겁게 만드는 노래가 디즈니 애니메이션의 특징이 되었어요.

"나도 〈미녀와 야수〉에서 들었던 노래를 한동안 흥얼거렸어."

"그게 바로 감동과 여운이 남아 있다는 증거지."

〈미녀와 야수〉는 디즈니가 죽은 뒤에 만들어진 애니메이션이에요. 마법에 걸려 흉측한 야수가 된 왕자가 진정한 사랑을 얻기 위해 벨이라는 아름다운 아가씨를 성으로 데려온다는 그림 동화를 애니메이션으로 만든 것이지요.

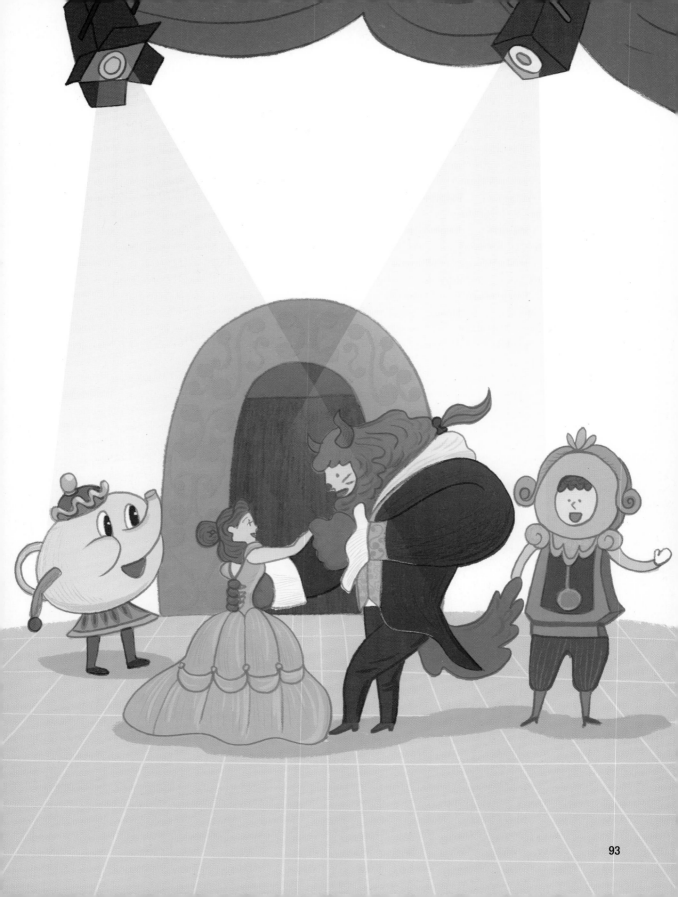

디즈니가 만든 월트 디즈니사는 이 작품을 만들기 위해 4년이 넘는 시간 동안 컴퓨터 그래픽스를 연구했지요. 덕분에 1991년 개봉한 〈미녀와 야수〉는 아름다운 장면으로 전 세계 사람들에게 큰 사랑을 받았어요. 이 작품은 미국의 유명한 영화 시상식인 아카데미 시상식에서 작품상 후보에 오른 최초의 애니메이션으로도 유명해요.

1994년에 개봉한 〈라이온 킹〉은 〈미녀와 야수〉를 만든 제작진이 다시 모여 만든 작품이에요. 〈라이온 킹〉은 전통적인 애니메이션 제작 기법과 컴퓨터 기술을 접목시켜 만들었지요. 아프리카를 배경으로 아기 사자 심바가 왕이 되는 이야기예요. 밀림의 어린 사자 심바는 아버지 무파사가 죽은 후 사악한 숙부 스카에 의해 밀림에서 쫓겨나요. 하지만 괴상한 친구들인 품

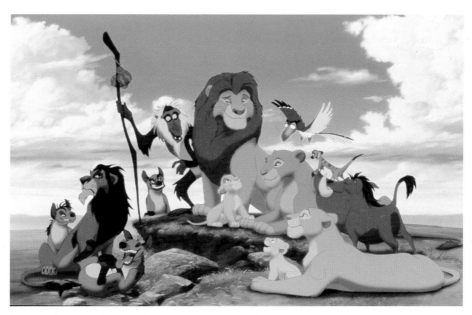

〈라이온 킹〉에서는 사자 부부인 무파사 왕과 사라비 여왕, 아기 사자 심바, 늙고 지혜로운 개코원숭이 라파키 등 개성 있는 동물의 특징이 생생하게 표현되었다.

바와 티몬, 그리고 여자 친구 날라와 만나 강한 사자로 자라게 되지요. 어른이 된 심바는 밀림으로 돌아와 스카를 내쫓고 밀림의 왕이 되지요. 이 작품 역시 아름다운 그림과 음악으로 큰 인기를 끌어 1994년에 가장 성공한 애니메이션이 되었어요.

"또 디즈니 하면 떠오르는 작품 없어?"

"음, 뭐가 있을까. 아, 맞다! 인어 공주!"

아모미의 질문에 아름이는 활짝 웃으며 대답했어요.

아름이는 〈인어 공주〉의 배경 음악을 아주 좋아하지요.

"맞아, 월트 디즈니사는 〈인어 공주〉도 애니메이션으로 만들었지. 또 뮤지컬로도 만들어 큰 인기를 끌었어."

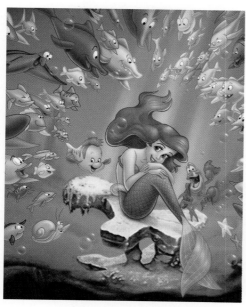

〈인어 공주〉에서는 바닷속 생물들이 함께 노래하며 춤추는 장면이 나와 경쾌한 분위기를 만들었다.

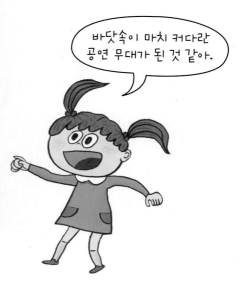

바닷속이 마치 커다란 공연 무대가 된 것 같아.

월트 디즈니사가 뮤지컬을 본격적으로 만들게 된 건 1994년 〈미녀와 야수〉의 특별 이벤트 공연 때문이었어요. 이때까지만 하더라도 월트 디즈니사는 뮤지컬을 애니메이션 홍보 이벤트 공연으로만 기획하고 있었어요. 하지만 이벤트 공연의 반응이 매우 **폭발적**이었지요.

"그 후론 만드는 애니메이션마다 뮤지컬을 함께 만들었지."

"나도 아빠랑 같이 〈인어 공주〉 뮤지컬을 보러 갔었어. 애니메이션과 같은 이야기이지만 뮤지컬은 더 **생동감 있고** 웅장했어."

"그래, 〈인어 공주〉 뮤지컬은 오랫동안 꾸준히 공연되고 있지."

〈인어 공주〉는 안데르센의 동화 〈인어 공주〉를 바탕으로 만든 애니메이션이에요. 인어 공주가 물에 빠진 왕자를 구한 뒤, 왕자를 사랑하게 되어 벌어지는 이야기이지요. 〈인어 공주〉 애니메이션은 1989년 처음 미국에서 개봉했고 우리나라에서는 1991년 개봉한 뒤에 1997년 새로운 모습으로 다시 개봉했어요. 다시 개봉할 때는 바닷속 모습을 더욱 **흥미진진하게** 표현해서 찬사를 받았어요. 애니메이션에 등장했던 재미있는 음악이 한동안 큰 인기를 끌며 2007년부터는 뮤지컬 공연이 펼쳐졌어요.

디즈니의 애니메이션으로 만든 뮤지컬은 많은 어린이 뮤지컬 중 가장 사랑받는 공연이에요. 그래서 미국의 브로드웨이 극장에는 디즈니의 뮤지컬이 종종 등장하지요.

미국의 브로드웨이는 다양한 공연이 열리는 극장이 가득한 거리예요. 거리 곳곳에는 크고 작은 공연 간판이 줄지어 있고, 언제나 많은 사람들이 오가고 있어요. 디즈니가 만든 애니메이션의 뮤지컬 간판도 브로드웨이에서 자주 볼 수 있어요.

특히 〈미녀와 야수〉 뮤지컬이 공연 중일 때는 가족 단위의 관객들이 많이 찾아왔어요. 그래서 〈미녀와 야수〉 뮤지컬은 브로드웨이에서 가족용 뮤지컬의 대표 작품이 되었어요.

1997년에는 〈라이온 킹〉 뮤지컬이 브로드웨이 무대에 오르며 엄청난 인기를 끌었어요. 사람들은 〈라이온 킹〉 뮤지컬을 보고 누구나 알고 있는 동화를 예술로 만드는 데 성공한 작품이라고 칭찬했답니다.

이렇게 월트 디즈니사는 그들의 애니메이션이 가지고 있는 특징을 잘 살려 애니메이션뿐만 아니라 뮤지컬에서도 큰 성공을 거두었어요. 뮤지컬처럼 화려한 애니메니션이 결국 뮤지컬 공연까지 가능하게 해 준 것이지요.

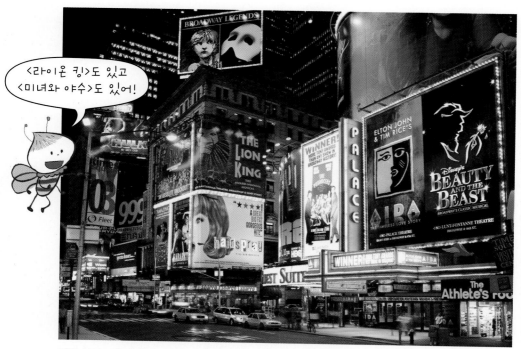

미국 브로드웨이의 모습이다. 브로드웨이에서는 월트 디즈니사의 뮤지컬들이 종종 상연되고 그때마다 많은 사람들이 보러 와 인기를 끌고 있다.

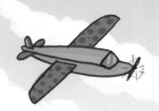
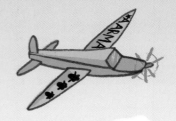

세계의 애니메이션

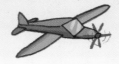

"아모미, 아빠는 디즈니 애니메이션만 좋아한 거야?"

"아니, 유럽이나 다른 나라 애니메이션에도 관심이 많았어. 그래서 세계의 애니메이션에 대해 공부했지. 너도 궁금하면 내가 알려 줄게."

"나도 궁금해. 빨리 알려 줘."

아름이는 아모미에게 바짝 다가가 귀를 기울였어요.

유럽의 애니메이션은 조지 더닝, 아드먼 스튜디오 등이 이끌었어요. 영국 아드먼 스튜디오는 아카데미 시상식에서 상을 휩쓴 〈월레스와 그로밋〉 시리즈와 같이 작품성이 뛰어나고, 예술적 감각을 지닌 애니메이션을 만들었지요.

"일본 애니메이션도 유명하지. 일본 애니메이션을 재패니메이션이라고 부르기도 해. 이렇게 새로운 용어가 생길 정도로 일본 애니메이션은 세계적인 관심을 받았어."

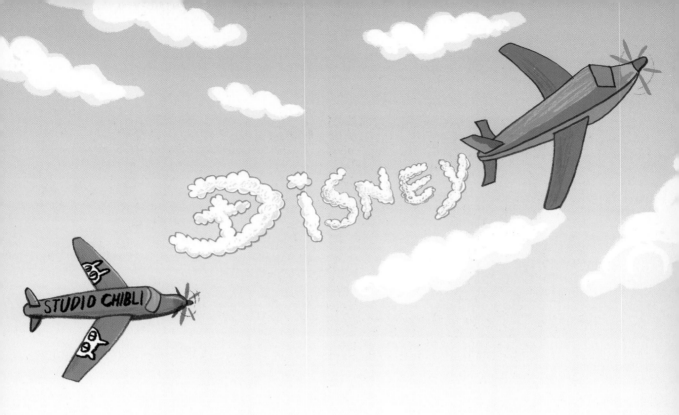

전 세계의 애니메이션 산업이 성장하면서 월트 디즈니사의 라이벌들이 등장하기 시작했어요. 그중 하나가 일본의 미야자키 하야오가 만든 지브리 스튜디오예요.

"미야자키 하야오는 세계적으로 유명한 애니메이터야. 그는 어린 시절에 전쟁을 겪으면서 전쟁을 거부하고 평화를 바라는 마음을 갖게 되었대. 이러한 마음을 애니메이션에 표현했지."

"전쟁을 겪었다니 정말 무서웠겠다."

미야자키 하야오는 1978년 〈미래 소년 코난〉이라는 애니메이션을 제작하여 일본뿐 아니라 전 세계에서 큰 인기를 얻었어요. 덕분에 그는 〈바람의 계곡 나우시카〉, 〈천공의 성 라퓨타〉, 〈원령 공주〉 등을 만들 수 있었어요.

하야오는 작품에서 전쟁과 사회적 문제를 다룰 때에도 언제나 사람들에게 꿈과 희망을 주는 것을 잊지 않았어요.

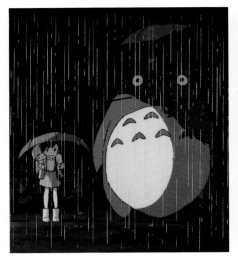

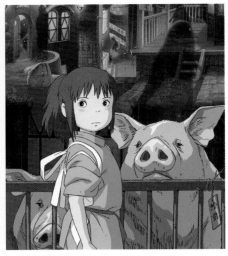

〈이웃집 토토로〉는 사랑스런 분위기와 토토로 캐릭터를 매력적으로 묘사하여 다양한 연령의 관객을 사로잡았다.

〈센과 치히로의 행방불명〉은 돼지로 변해 버린 부모님과 온천장의 다양한 정령들, 마을의 모습이 사실적이면서도 재미있게 표현되어 있다.

　1988년에 개봉한 〈이웃집 토토로〉에서는 어린 자매가 숲의 요정 토토로를 만나서 겪는 환상적인 경험을 그렸어요. 아이들의 순수함과 동화적 상상력을 섬세한 그림으로 잘 표현하여 지금까지도 많은 사랑을 받고 있는 작품이에요.

　2001년 일본에서 개봉한 〈센과 치히로의 행방불명〉은 부모님과 함께 새로운 집으로 이사를 가던 치히로의 이야기예요. 치히로는 길을 헤매다가 불가사의한 마을에 들어가게 되고, 이 마을에서 신기한 모험들을 하면서 한층 성장한다는 내용이지요. 이 작품은 일본뿐만 아니라 전 세계 사람들에게 감명을 주어 베를린 국제 영화제의 황금곰상과 아카데미 시상식의 작품상을 수상했어요.

　"지브리 스튜디오를 포함하여 전 세계 많은 애니메이션 제작 회사들이 등장하면서 오랜 시간 최고의 자리를 지키던 월트 디즈니사의 인기도 조금씩 시들게 되었지."

"우리나라에서 만든 애니메이션은 없는 거야?"

"물론 우리나라에서 만든 애니메이션도 있지. 우리나라 최초의 애니메이션은 1967년 소년 조선일보에 연재하던 장편 만화 〈풍운아 홍길동〉을 애니메이션으로 만든 〈홍길동〉이야."

하지만 〈홍길동〉은 인기를 끌지 못했고 우리나라 애니메이션의 발전은 주춤하게 되었어요. 그 이후에 〈로보트 태권 브이〉, 〈아기 공룡 둘리〉와 같은 애니메이션들이 인기를 끌기도 했지만 외국 애니메이션의 기술력을 따라잡지 못하고 침체기를 맞았어요.

하지만 〈마리 이야기〉, 〈오세암〉 등 작품성이 우수한 애니메이션이 2002년과 2004년에 프랑스 안시 국제 애니메이션 페스티벌에서 상을 받으면서 우리나라 애니메이션도 **새로운 희망**을 갖게 되었지요.

"2003년 처음으로 방영된 〈뽀롱뽀롱 뽀로로〉가 전 세계적으로 큰 인기를 끌고 80여 개국에 수출되면서 우리나라의 애니메이션도 세계 정상에 우뚝 설 수 있다는 가능성을 확인했어."

"맞아, 뽀로로는 우리나라뿐만 아니라 전 세계 아이들에게 인기 있는 캐릭터잖아!"

"그래. 언젠간 나도 뽀로로처럼 세계적으로 유명한 캐릭터가 될 거야."

아모미는 **어깨를 쫙 펴며** 자랑스럽게 말했어요.

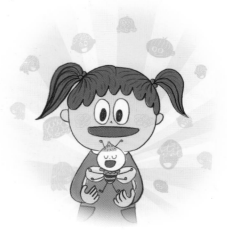

실감 나는 3D 애니메이션

"아름아, 아빠가 3D로 만들고 있는 나를 본 적이 있니?"

"응, 아모미가 조금 더 통통하고 동글동글한 느낌이었어. 근데 아빠는 아직 미완성이라고 하시던데?"

"그래, 실감 나는 3D 애니메이션을 만드는 것도 **쉽지는 않아.** 그래서 월트 디즈니사는 컴퓨터 전문 업체인 픽사와 함께 3D 애니메이션을 만들었어. 그렇게 만들어진 애니메이션이 〈토이 스토리〉야."

〈토이 스토리〉는 앤디라는 남자아이와 앤디가 가장 아끼는 카우보이 인형 우디의 모험을 다룬 이야기예요. 장난감들이 살아 움직이는 모습을 3D로 실감 나게 표현하여 **큰 인기를 얻었어요.**

1995년 〈토이 스토리〉의 성공을 시작으로, 픽사와 월트 디즈니사는 〈니모를 찾아서〉, 〈인크레더블〉, 〈카〉 등의 3D 애니메이션을 계속 만들었어요.

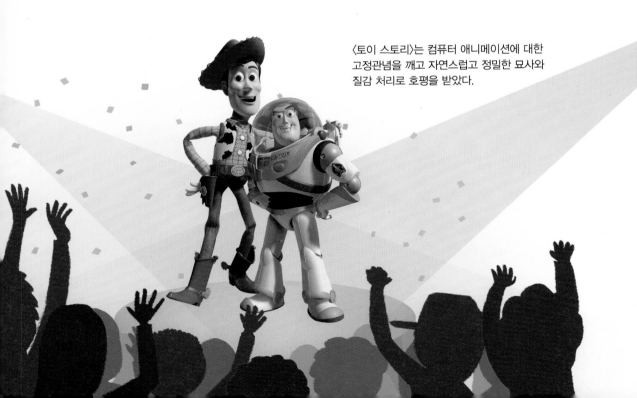

〈토이 스토리〉는 컴퓨터 애니메이션에 대한 고정관념을 깨고 자연스럽고 정밀한 묘사와 질감 처리로 호평을 받았다.

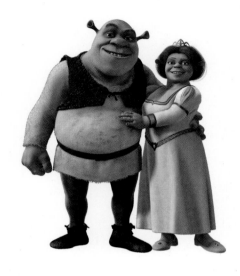

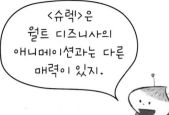
〈슈렉〉은 월트 디즈니사의 애니메이션과는 다른 매력이 있지.

〈슈렉〉은 윌리엄 스테이그의 동화를 원작으로 만든 3D 애니메이션이다. 눈동자와 머리카락의 섬세한 표현, 빛의 반사까지 고려한 피부 표현 등 등장인물을 더욱 정교하고 완벽하게 표현했다.

"너 혹시 슈렉 아니? 못생긴 초록 괴물인데……."

"응, 아빠가 보여 준 적 있어. 슈렉의 모습이 얼마나 웃겼다고!"

월트 디즈니사가 3D 애니메이션을 제작하여 성공을 거두고 있을 무렵, 또 다른 경쟁사가 등장했어요. 바로 〈슈렉〉, 〈쿵푸 팬더〉 등을 제작한 드림웍스예요. 드림웍스의 애니메이션은 못생긴 주인공, 현실적인 스토리, 다양한 패러디로 관객들에게 웃음과 즐거움을 선사했어요.

〈슈렉〉 역시 못생기고 힘센 괴물 슈렉이 주인공이에요. 슈렉은 우연히 성에 갇힌 피오나 공주를 구하러 가게 되고, 진정한 사랑을 깨달은 피오나 공주가 슈렉과 결혼한다는 이야기예요.

월트 디즈니사와 픽사가 손을 잡은 것처럼, 드림웍스는 피디아이라는 회사와 손을 잡고 1998년 〈개미〉를 선보였어요. 그리고 2001년에 〈슈렉〉을 선보였지요. 〈슈렉〉은 2002년 아카데미 시상식에서 월트 디즈니사의 애니메이션을 제치고 애니메이션 부문 작품상을 받았지요.

애니메이션 세상, 디즈니랜드

"나 말야, 이번 방학 때 미국에 있는 디즈니랜드를 다녀오고 싶어."

아름이는 **들뜬 목소리로** 말했어요.

언젠가 아름이는 월트 디즈니가 두 딸과 함께 갈 만한 곳을 만들고 싶어서 디즈니랜드를 만들었다는 기사를 본 적이 있어요. 그때부터 아름이는 아빠와 함께 그곳에 가보고 싶어졌지요.

"디즈니가 처음 디즈니랜드를 만들 계획을 세웠을 때 사람들은 비웃기만 했지. 애니메이션의 세계를 실제로 만들어 놓으면 흥미가 떨어질 거라고 생각했던 거야. 하지만 디즈니는 **포기하지 않았어.**"

아모미는 디즈니랜드를 떠올렸어요.

디즈니는 놀이공원의 이름을 디즈니랜드로 정하고 디즈니사가 만든 애니메이션 속에 나오는 공간을 그대로 만들었어요. 상점, 놀이 기구 등 놀이공원 안에 있는 모든 것은 애니메이션에 나왔던 것들이지요.

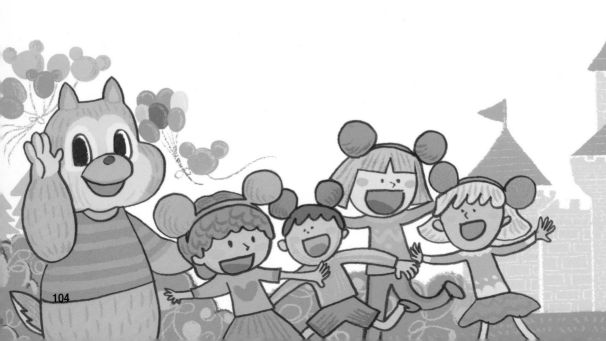

사람들의 예상과는 달리 디즈니랜드는 개장 첫 날부터 큰 성공을 거두었어요. 사람들은 애니메이션 속 캐릭터와 스토리가 담긴 환상적인 세계에 빠져들었어요.

"와, 어떤 모습일까! 꼭 보고 싶어."

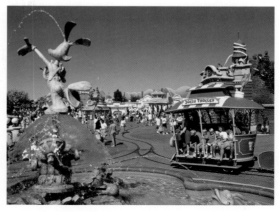

1955년 미국 캘리포니아 주에 문을 연 최초의 테마파크인 디즈니랜드의 모습이다.

아름이는 가슴이 두근거렸어요. 애니메이션에서 보았던 것들이 실제로 살아 움직이고, 춤추고, 노래한다니, 생각만 해도 설레었지요.

"우리 아빠도 멋진 애니메이터가 되어 아빠 작품 속에 등장했던 장소와 캐릭터로 공원을 만들면 진짜 좋겠다."

아름이가 활짝 웃었어요.

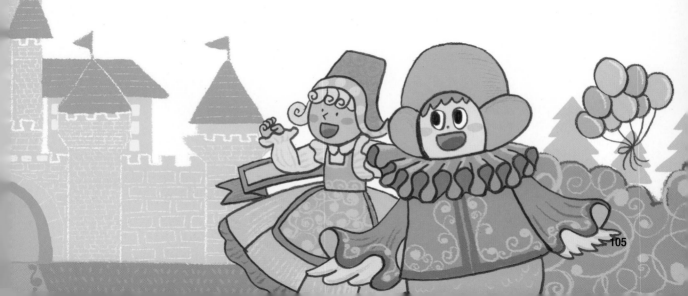

"월트 디즈니가 애니메이션에 대한 꿈을 포기했다면 어떻게 됐을까?"

아모미가 묻자 아름이는 생각에 빠졌어요. 아름이는 지금처럼 다양한 캐릭터와 만나지 못했을 거고, 재미있는 애니메이션을 보며 울고 웃지 못했을 거라는 생각이 들었지요.

아름이는 아빠가 만들고 싶은 애니메이션을 꼭 완성하기를 바라게 되었어요. 그건 아빠의 꿈을 이루는 일 이니까요. 그리고 아빠의 애니메이션을 보며 많은 어린이들이 즐거워할 테니까요.

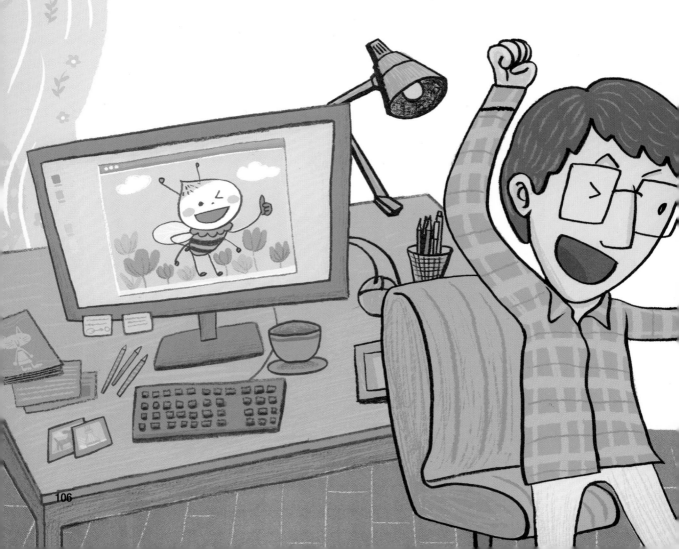

그때 집으로 돌아온 아빠가 작업실로 들어와 할 일이 많다며 컴퓨터 앞에 앉았지요.

아름이는 아빠에게 다가가 말했어요.

"아빠, 난 아빠가 만든 멋진 애니메이션을 꼭 보고 싶어요."

"아름이가 응원해 주니 기운이 나는구나. 조금만 기다려. 모든 아이들이 반할 만큼 멋진 애니메이션을 꼭 만들게!"

아빠는 벌떡 일어나며 외쳤어요. 아름이도 신나서 만세를 불렀어요. 화면 속 아모미가 아름이를 향해 윙크했어요.

언젠가 세상 모든 아이들이 아모미를 보고 즐거워하는 날이 올 거예요. 아름이는 그런 날이 빨리 왔으면 좋겠다고 생각했어요.

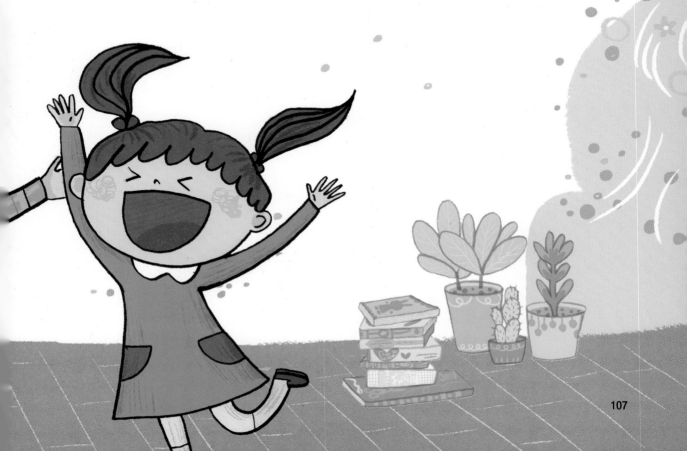

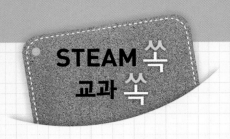

디즈니 애니메이션 속 등장인물의 특징은 무엇일까?

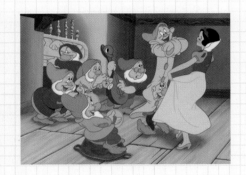

디즈니는 누구나 알고 있는 이야기를 재미있는 애니메이션으로 만들기 위해서는 등장인물이 저마다 개성이 강하고 특색이 있어야 한다고 생각했다.

〈백설 공주와 일곱 난쟁이〉에서는 고전 동화 속 여리고 약한 공주를 밝고 씩씩한 공주로 바꾸었다. 그리고 난쟁이들에게도 저마다 독특한 개성을 하나씩 주어 재채기쟁이 난쟁이, 투덜이 난쟁이, 박사 난쟁이, 소심한 난쟁이 등의 캐릭터를 만들었다. 그리고 이렇게 주인공 곁에서 장난치고 익살스럽게 행동하는 등장인물들은 디즈니 애니메이션의 특징으로 자리 잡았다. 〈신데렐라〉에서도 여러 동물들이 신데렐라의 친구로 등장하여 이런 역할을 했다.

디즈니는 어떻게 화려한 애니메이션을 만들었을까?

디즈니는 애니메이션을 더욱 화려하게 만들기 위해 여러 가지 시도를 했다. 특히 뮤지컬처럼 등장인물들이 춤추고 노래하는 애니메이션을 만들었다. 뮤지컬은 음악, 노래, 무용이 모두 어우러져 큰 무대에서 상연하는 종합 무대 예술이다.

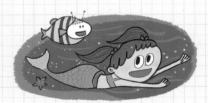

디즈니는 〈판타지아〉에서 유명한 작곡가의 음악에 맞추어 춤추는 등장인물을 표현했다. 또 〈인어 공주〉에서 바닷속 생물들이 경쾌한 음악에 맞춰 노래하고 춤추는 모습은 뮤지컬의 한 장면을 연상시킨다. 이렇게 애니메이션과 뮤지컬을 결합한 방식으로 디즈니는 화려한 애니메이션을 완성했다.

미야자키 하야오의 애니메이션은 어떠한가?

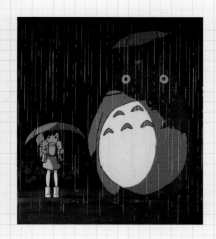

미야자키 하야오의 애니메이션 속에는 전쟁을 거부하고 평화를 바라는 마음이 녹아 있다. 또한 사람들에게 꿈과 희망을 전달하는 내용도 많이 담겨 있다. 미야자키 하야오는 1978년에 제작한 〈미래소년 코난〉이 전 세계적으로 큰 인기를 끌면서 〈바람의 계곡 나우시카〉, 〈천공의 성 라퓨타〉, 〈원령공주〉 등을 이어서 만들었다. 1988년 개봉한 〈이웃집 토토로〉에서는 어린 자매와 숲의 요정 토토로가 등장하여 아이들의 순수함과 동화적 상상력으로 꿈과 희망을 전달했다.

3D 애니메이션이란 무엇일까?

 컴퓨터로 그림을 그리거나 영상으로 바꾸는 작업을 컴퓨터 그래픽스라고 하는데, 3D 애니메이션은 컴퓨터 그래픽스 과정을 거쳐 만들어진다. 사물의 입체적인 골격을 만들고 골격에 색을 칠하고 재질을 입히는 작업을 더해 캐릭터를 완성한다.

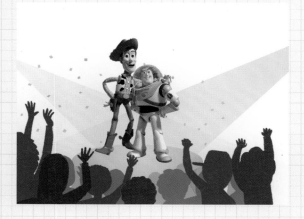

월트 디즈니사는 컴퓨터 전문 업체인 픽사와 함께 뛰어난 컴퓨터 그래픽스 작업을 하여 3D 애니메이션 〈토이 스토리〉를 만들었다. 장난감 하나하나가 입체적인 모습으로 생동감을 주어 3D 애니메이션의 새로운 시대를 열었다.

핵심 용어

고전
예전에 만들어진 것으로 오랫동안 많은 사람에게 널리 읽히고 높이 평가되는 문학이나 예술 작품.

굴절
빛이나 소리가 한 물질에서 다른 물질로 들어갈 때 그 경계면에서 진행 방향이 바뀌는 현상.

렌즈
수정이나 유리를 갈아서 빛을 모으거나 분산하도록 만든 투명한 물체. 볼록 렌즈와 오목 렌즈가 있음.

망막
눈알의 가장 안쪽에 있는, 얇고 투명한 막 모양으로 층을 이룬 부분. 빛의 자극을 받아들이는 시세포가 있어, 수정체를 통과한 빛이 망막에 상을 맺으면, 시세포가 자극을 대뇌에 전달함.

뮤지컬
노래와 춤이 중심이 되어 무용과 연극적 요소가 어우러진 현대적이고 대중적인 음악극. 19세기에 미국에서 탄생함.

볼록 거울
거울 면이 볼록한 거울. 물체와의 거리에 상관없이 작게, 똑바로 보임. 빛이 넓게 퍼져 나가 넓은 곳을 볼 수 있음.

상
빛의 반사나 굴절로 인해 생기는 물체의 모습.

셀룰로이드
반투명한 일종의 플라스틱. 장난감, 필름, 문방구, 장신구, 일용품 따위를 만드는 데에 씀.

수정체
눈알의 동공 바로 뒤에 있는 볼록 렌즈 모양의 투명한 조직. 수정체 두께에 따라 빛의 굴절 각도가 달라짐.

애니메이션
만화나 인형이 마치 살아 움직이는 것처럼 생생하게 촬영한 영화.

애니메이터
만화나 애니메이션을 그리거나 제작하는 사람.

시네마토그래프
프랑스의 뤼미에르 형제가 발명한 장치로, 영화를 촬영할 수 있고 촬영한 영상을 스크린에 비출 수도 있음.

알타미라 동굴
에스파냐 북부에 있는 구석기 시대의 동굴 유적. 내부에 가장 오래된 벽화가 있음.

영상
빛의 굴절이나 반사에 의해 이루어진 물체의 상 또는 브라운관, 모니터 따위에 비추어진 상.

영화
움직이는 대상을 연속으로 촬영하여 화면에 재현하는 영상물.

오목 거울
거울 면이 오목한 거울. 가까운 곳의 물체는 크게 보이고, 먼 곳의 물체는 작게, 거꾸로 보임.

원시인
현재 살고 있는 인류 이전의 고대 인류.

월식
달이 지구의 그림자에 가려 일부나 전부가 가려지는 현상.

일식
달이 태양의 일부나 전부를 가리는 현상.

잔상
빛의 자극이 사라진 뒤에도 시각 기관에 감각 경험이 지속되어 나타나는 상.

좌표
평면이나 공간에서 어떤 점의 위치를 나타내는 수나 수의 짝.

착시
시각적으로 생기는 착각 현상. 사물의 객관적인 성질(크기, 형태, 빛깔 등)과 눈으로 보이는 성질에 차이가 생기는 것.

필름
셀로판과 같은 얇은 막.